校企合作下高职院校现代学徒制理论与实践研究

王红亮　高　鹏　张　俏　著

延边大学出版社

图书在版编目（CIP）数据

校企合作下高职院校现代学徒制理论与实践研究 /
王红亮，高鹏，张俏著. -- 延吉 ：延边大学出版社，
2021.9

　　ISBN 978-7-230-02031-2

　　Ⅰ．①校… Ⅱ．①王… ②高… ③张… Ⅲ．①高等职
业教育－学徒－教育制度－研究 Ⅳ．①G718.5

　　中国版本图书馆CIP数据核字(2021)第191249号

校企合作下高职院校现代学徒制理论与实践研究

著　　　者：王红亮　高　鹏　张　俏
责任编辑：李鹏飞
封面设计：王　朋
出版发行：延边大学出版社
社　　址：吉林省延吉市公园路977号　　　邮编：133002
网　　址：http://www.ydcbs.com　　　E-mail:ydcbs@ydcbs.com
电　　话：0433-2732435　　　传真：0433-2732434
印　　刷：北京市迪鑫印刷厂
开　　本：787毫米×1092毫米　　1/16
印　　张：7.25
字　　数：160千字
版　　次：2022年3月第1版
印　　次：2022年3月第1次印刷
书　　号：ISBN 978-7-230-02031-2

定　　价：56.00元

前　言

　　现代学徒制是一种通过学校与企业开展深度合作，教师和企业师傅进行联合教学，对学生进行以技能培训为主的一种现代人才培养模式。现代学徒制是提高高职院校的办学水平，提高高职院校的人才培养质量的一个重要途径。

　　本书首先阐述了现代职业教育的概念、特征、地位以及高职教育的特点；然后分析了产教融合的理论基础与校企合作的意义，企业和学校在校企合作中的地位与作用，"校企共育能力递增"人才培养模式，以及校企合作机制下高职院校师资队伍建设；最后，在充分论述了国外和我国现代学徒制的发展概况、现代学徒制的顶岗实习教学模式，以及学徒制与校企合作制度创新等内容的基础上，探讨了现代学徒制下的人才培养模式，希望能对高职院校的人才培养工作提供一些理论依据。

　　本书在写作过程中参阅了大量的相关资料，在此对相关文献的作者表示感谢。书中存在的一些不足之处，敬请各位专家、学者和读者朋友们批评与指正。

目　录

第一章 职业教育概述

第一节 职业及职业教育的概念

随着我国经济的发展，职业教育的重要性更加凸显出来，政府高度重视职业教育的发展。可以说，职业教育肩负着为国家发展提供重要技术人才的责任。

一、职业的含义及特征

职业活动源于社会分工，其产生与发展是社会进步的反映。随着社会经济的不断发展，生产力水平的不断提高，社会分工逐渐细化，社会分工的细化促进了职业的分化与演变。

（一）职业的含义

职业是参与社会分工，利用专门的知识和技能，为社会创造物质财富和精神财富，并获取合理报酬。可见，职业是参与社会分工的，利用专业知识和专业技能为社会创造物质财富和精神财富，同时获取合理的报酬作为个人的物质生活来源，并满足自身的精神需求。具体来讲，职业的内涵包括以下四个方面：第一，职业必须是由社会分工产生的，为社会所承认的、有益的工作，它与人类的发展需求息息相关；第二，职业必须是相对稳定的，不是可有可无的，也不是临时的，具有一定的连续性，强调专业知识和专业技能；第三，职业必须是"为群体服务"的，是服务于社会，并且是社会发展所必需的，还是个人发展和实现人生价值的主要渠道，它强调通过创造物质财富和精神财富来获得合理的报酬；第四，职业是能够"为己谋生"的，个人愿意通过工作来获取生活资料。

（二）职业的特征

职业既有一般劳动形式的特征，也在发展的过程中，逐渐形成了与其他劳动形式相区别的特征，当代职业的特征主要表现在以下几个方面：

1. 目的性，即职业以获得一定的回报为目的。这种回报不仅包括物质、金钱等报酬，还包括理想的实现、个人价值的实现、兴趣爱好得到满足等。

2. 规定性，即职业对从业人员的素质有一定的规定和要求，从事特定职业的人员必须符合从事该职业所需要的专业素质要求。同时，从业人员必须在其中承担一定的职责。

3. 社会性，即职业是从业人员在特定社会生活环境中所从事的一种与其他社会成员相互关联、相互服务的社会活动。

4. 稳定性，即职业是在一定的历史时期内形成的特征，这种特征具有一定的生命周期。

5. 规范性，即职业必须符合国家和地区的法律、从业标准和社会道德规范。

6. 群体性，即职业具有一定的规模，是一种群体的共同行为，达不到一定的数量，从业人员的劳动就不能称为职业。

7. 可变性，即职业的内涵与种类会随着社会经济、产业结构的变化而发生变化。

8. 经济性，即对个人来说，职业是个人获取生活资料的主要途径；对社会来说，个人从事某种职业是促进社会经济发展的重要环节。

9. 技术性，即不存在没有知识含量、没有技术要求的职业。特别是在进入知识经济时代后，各种职业的技术含量也在不断增加，职业的技术性更加突出。

10. 专门性，即任何一个职业都是要不断发展和完善的。因此，它的专业性会越来越强，专业化程度也会越来越高。

11. 时代性，即职业是不断发展变化的，新的职业不断产生，旧的职业不断消亡，每个时代都有具有自身时代特色的职业。

12. 多样性，即社会分工越来越细，职业的种类也必将越来越多，逐渐呈现多样性的特点。

13. 发展性，即职业是职业者发展的舞台，任何职业者的发展都离不开所从事的职业。

二、职业教育的概念

职业教育是一种复杂的教育活动，其概念也较为复杂。下面笔者将从广义、狭义、外部、内部四个角度对职业教育的概念进行归纳和分析。

从广义的角度来理解，职业教育的概念包括三层含义：所有的教育和培训都具有职业性，均有职业导向，因为所有的教育都影响着个人的职业选择；职业教育和培训包含了所有类型的技术传授。职业技术既可以在家庭中进行传授，也可以在工作单位或正规院校中进行传授。从狭义的角度来理解，职业教育的概念也包括三层含义：职业教育就是培养高级工匠的教育；职业教育和培训仅包含操作技能类的技术传授；它是以专门培养中级专业技术人才为目的的学校教育，是大学教育的有效补充，反映了教育体系内部的结构与分工特点。显然，广义的职业教育概念混淆了职业教育与其他类型教育的差别，未区分出职业教育所传授的特定技术类型；而狭义的职业教育概念又把职业教育局限于操作技能训练和中等层次的程度上。因此，二者都没有真实、全面地概括出现代职业教育的特点。

技术与职业教育可以作为一个综合术语来使用，它所指的教育过程除了涉及普通教育外，还涉及学习与经济和社会生活有关的各种职业技术和各门科学，以及获得相关的专业技能和知识。"技术与职业教育进一步被理解为：（1）普通教育的一个组成部分；（2）准备进入某一就业领域以及有效加入职业界的一种手段；（3）终身学习的一个方面以及成为负责任的公民的一种准备；（4）有利于环境可持续发展的一种手段；（5）促进消除贫困的一种方法。"联合国教科文组织所提出的上述概念，主要从职业教育的外部关系中阐述了职业教育的外延和作用，这样的表述更易于让大多数国家的政府接受并重视职业教育，这也是其真正的用意所在。

此外，我们还需要从职业教育的内部来审视其内涵。有学者表示：职业教育应该是一种不同于普通教育的、独特的"教育类型"，应该把职业学校真正办成遵循职业教育规律、体现职业教育价值的教育机构。还有学者将职业教育的概念表述为"职业教育是培养技术应用型人才的一种教育或培训服务"，并将其总结为五个要点：职业教育是教育的一种类型；职业教育是培养技术应用型职业人才的；职业教育行业是服务业的一种，为准备成为技术应用型人才的个人提供教育服务；职业教育培养的是人才，这种培养是在普通教育的基础上进行的；职业教育具有层次之分，培养技术应用型、技能型人才。

作为一种独特的教育类型，职业教育在课程设置方面是以就业能力为导向的能力本位课程或工作流程课程为主；在教学方面，施行行动导向教学、工学结合的人才培养模式；对教师的定位是具备"实践能力和专业素养"，熟悉职业教育理论的"双师型"教师；学生评价方面，要求以学生获得职业技能和职业资格为依据，注重对学生的专业技能的培养；教师评价方面，要从"重升学率和学术成果"转向"重就业导向的课程开发和教学应用与转化"；管理制度方面，要建立起符合职业教育规律的管理制度。

综上所述，职业教育是终身学习的一个重要组成部分，是以培养符合职业或劳动环境所需要的技能型人才为目标的一种教育类型。它以职业需要为导向，以专业技能为主要内容，通过为学生传授从事该职业所必需的职业技能、专业知识，并使学生提升职业素养，进而获得相应的职业资格。职业教育所培养的人才是技能型人才，进一步可以分为技术应用型人才和操作技能型人才，两者都需要具备一定的理论知识和专业技能，都需要在生产或服务的第一线，通过行动将已有的设计、规范和决策等转化为产品或服务。

三、职业教育的内涵

职业教育应包括两部分内容：一是职业技术学校教育，即学历性的职业教育，分为初等、中等、高等职业学校教育；二是职业培训，指按照职业或劳动岗位的要求，以开发和提高劳动者的职业技能为目的的教育和训练活动，是非学历性的短期职业教育。职业培训的形式多种多样。目前，我国的职业培训包括从业前培训、转业培训、学徒培训、在岗培训、转岗培训及其他职业性培训。根据实际情况，也将职业培训分为初级、中级、高级职业培训。因此，我们必须从下面几个方面准确把握职业教育的内涵：

（一）职业教育是终身教育体系的一个组成部分

职业教育是相对于其他类型教育而存在的，没有其他类型的教育，也就不存在职业教育。职业教育对人的职业化、经济社会的发展等具有重要的意义。

（二）职业教育是建立在基础教育之上的

接受职业教育需要具有一定的科学文化知识。科学文化知识水平是接受何种层次的职业教育的重要准入依据。高等职业教育以高中文化水平为基础，中等职业教育以初中文化水平为基础，初等职业教育以小学文化水平为基础。

（三）职业教育是职业定向教育

无论是全日制职业教育、非全日制职业教育，还是职业培训，都是传授学生或从业人员从事某种特定职业所需的理论知识和专业技能的教育形式，它是为就业、转业做准备的。职业教育的目标就是使"无业者有业，有业者乐业"。完成职业教育课程后，个人可以获得教育部认可的从业资格。职业人才有多种类型、多种层次。英国将职业资格分为五个层次，详见表1-1：

表1-1 英国国家职业资格等级标准

级别	工作特征
5	高级、中级专业管理人员
4	高级技师、初级管理人员
3	技师、高级技工、监督人员
2	技工
1	基础工人、普通劳工

参照此标准，我国职业教育主要的培训对象是具有2、3、4级职业资格的人员。

（四）职业教育面向部分人群

职业教育主要面向技术型、技能型职业者。非技术型职业者、学术型职业者、工程型职业者等，均无须接受职业教育。不同的国家，不同的年代，技术型、技能型职业的社会地位不同，职业教育的地位和作用差别也较大。

第二节 职业教育的特征

职业教育与普通教育存在着一定的差别，职业教育有着明显的特征：

一、职业性

职业性是指职业教育具有以职业为导向、为就业服务的特点。通过劳动获取生活资料、实现自身价值是就业的本质。职业性是个人通过接受专业教育的形式获得的。职业性是职业教育生存与发展的前提条件，也是职业教育与其他教育的本质差异。

现代职业教育是培养生产、管理、服务等行业所需要的、具有职业能力的应用型人才的实践活动。职业教育以学生能够就业，并将提升学生的职业技能列为主要目标，教学内容以学生就业岗位的实际需求为导向，教学环境与真实的环境相同或相似。

职业教育重视培养学生良好的职业道德，其教学计划、教学过程、教学方法等，都与学生的文化修养密切相关。

二、技术性

技术可分为经验型技术、实体型技术和知识型技术，它们都是职业教育课程的主要内容。职业教育的教学过程也充分地体现了职场对专业技术的要求。

技术的进步推动职业教育办学模式和人才培养模式的改革。职业院校要通过产教结合、工学结合等途径，坚持教育与训练并重，灵活应对各种问题，以加深学生对新技术的理解，提升其就业能力。

三、社会性

世界各国的职业教育各具特色，所有成功的模式都与本国社会的发展现状密不可分。社会的整体环境适合职业教育的发展，职业教育就能有效地促进经济社会的发展。服务社会是职业教育的宗旨，正如中国近代著名的教育家黄炎培所说的，职业学校的灵魂"从其本质说来，就是社会性；从其作用说来，就是社会化。""职业学校的基础，是完全筑于社会的需要上。"职业教育不可能脱离社会环境而存在，因为它与社会劳动就业密切相关，而劳动就业又是高度综合性的社会工程，涉及国家和地域的资源、人口、经济、政治、科学、文化、社会习俗观念，以及相关制度、措施等各方面，所以，这些都影响着职业教育的发展。另外，职业教育诸如联合办学、定向、委托培养等办学途径，也使职业院校必然会受到多种因素的制约。

职业教育的培养目标、发展规模、发展速度，既受到社会需求的推动，又受到社会需求的约束；在不同的历史时期，随着社会需求的变化，必然会引发职业教育的发展与变革。

职业教育对社会环境的高度依存性，决定其办学特点必须是开放的、灵活的，职业教育只有吸纳全社会的力量，才能更好地办学校。除了在培养目标的确定、专业的设置、教学内容和教学方式的选择等方面，要紧贴社会实际需求之外，在开展活动教学、课程设置、教学评价和教学管理等方面，职业教育也需要企业的参与和支持。因此，职业教育必须广泛吸纳社会力量，与生产劳动和社会实践紧密结合，走工学结合之路，实行灵活多样的人才培养模式，进而实现培养技能型人才的教学目标。

四、实践性

教育部于 2015 年 7 月发布了《关于深化职业教育教学改革 全面提高人才培养质量的若干意见》，要求职业院校加强实践性教学活动，实践性教学课时原则上要占总课时数的一半以上。因此，实践贯穿于职业教育的始终，这主要表现在：

教学内容突出实践性。职业教育在教学内容的选择上不过分强调专业的系统性、完整性。教学内容的重点在实践操作和专业技能的培养上，基础理论课注重理论知识中相关结论的使用而不注重其推导过程。

教学方法上突出实践性。在课程安排上，职业院校先建立实践教学体系，后建立理论教学体系；先开展专业课教学活动，后开展基础课教学活动。在具体的教学中，教师尝试先让学生动手做一做，然后归纳总结，再有针对性地开展理论学习。也就是说，教师应丢弃学生听得多、看得多、重理论、动手少的教学方法，而采用实践为主的教学方法，做到先做后学、先学后教、以学定教。

教学过程突出实践性。国内职业教育的教学过程，都无一例外地选择了突出实践性的工学结合、产教结合等教学模式。在整个教学过程中，院校的教学与企业实习交叉进行，进而使得教学活动能够更符合企业对学生提升专业技能的要求。

五、大众性

职业教育的大众性有两层含义：一是职业教育是面向每个人的教育。因此，职业教育必须"有教无类"，代表人民群众的教育利益，最大限度地满足广大民众的需要。二是职业教育是以服务民众为宗旨。保证人人都享有平等的接受职业教育与培训的机会，使职业指导和职业咨询工作面向社会。在当今社会，绝大多数的社会职业都需要由受过一定的职业训练并取得职业资格的人来从事，这就决定了人们都必须接受一定的职业教育。

六、终身性

职业教育贯穿人的一生，是实现"终身教育"的重要途径。一个人接受职业教育以后，更有利于其提高工作能力。在基础教育阶段，要对学生进行最基本的职业素质教育；进入中学阶段后，接受职业教育的机会越来越多，学生既可以通过普通教育教学内容的渗透，接受初级职业教育和培训；又可以通过分流，接受以就业为导向的职业教育。进入社会以后，人们也必须通过接受各种职业培训来完善自己。人们在达到一定年龄，离开职业岗位后，仍然可以根据自己的需求，选择接受职业教育，以提升自己的专业素养。职业教育院校应以更加包容的态度，更加灵活多样的课程和教学模式，为人们实现终身学习提供途径。

七、市场性

如果只是按教育规律办学而不考虑人才市场的需求，那么培养出来的学生，无论质量多高，都无法真正满足企业的需求；而如果只是按人才市场的需求办学，在教育过程中不尊重教育规律，那就培养不出高素质的人才。由此，职业教育既要按教育规律办学，又必须按市场规律运作。所以，职业教育具有市场性。

（1）职业教育在办学指导思想上逐渐确立以"人才市场需求"为导向的运作模式。市场的需求就是设置专业的依据，企业对岗位或岗位群的具体要求就是职业教育课程的教学要求。因此，职业教育要注重相关专业领域的最新技术发展情况，并根据技术发展情况及时调整课程结构和教学内容，使教学内容能够反映本专业领域的新知识、新技术、新工艺、新方法。

（2）职业教育即就业教育。职业教育的培养目标、办学方向、课程设计、专业设置、教学过程，以及办学宗旨都是为学生的就业服务。

八、多样性

在具体的教学过程中，职业教育应该打破传统的依托于教室与讲台的"课堂"教学模式，根据不同的教育对象和教学内容，采取具有实效性的教学方式。除了讲授、讨论、问答等方式外，职业教育应更多地采用观摩的方式、模拟操作的方式、双师型指导方式、技师带徒弟方式、到实际工作岗位进行锻炼的方式等。职业教育的教学场所，可以不受校园圈子的限制，可以在工厂车间、在田间地头。职业教育的教学时间可以不受学制、年限的制约，可以根据教育内容的不同而有较大的弹性。可以是几年，也可以是几个月。

九、直接性

职业教育是一种产业，是产业就要讲求效益，就要讲投入与产出比，它的投入与产出的循环周期较短。也就是说，职业教育的效益体现得比较快。职业教育的教学内容比较贴近工作实际，具有较强的针对性；无论是高层次的职业教育，还是针对性较强的职业培训，接受教育和培训的个人都能很快地把自己学到的技术和技能运用到生产实际或经济建设的实际中去，发挥所学知识与技能的作用，提高劳动生产率，在短时间内创造出物质财富，增加经济收入。因此，无论是提高在岗人员的知识和技术水平，还是为下岗人员创造再就业的条件，或是为广大的农业劳动者传授农业科学知识，职业教育都具有重要的意义。

十、中介性

职业教育是把人力优势转化为智力优势，把智力优势转化为生产力的重要桥梁，还是教育与职业之间"沟通"的渠道。黄炎培先生认为："无新学识以应用于实际，无新人才以从事于改良，教育不与职业沟通，何怪百业之不进步。"在 1917 年成立中华职业教育社的宣言中，黄炎培先生还指出："要发展社会，革新教育，舍沟通教育与职业无所为计。"由此表明，职业教育的中介性是指职业教育处于人的发展和社会的发展之间、教育和职业之间的特殊位置。就是说，职业教育促进人的个性发展和社会进步，不是"普遍性"或者是"特殊对象性"的，而是直接对应于社会需要和个人生存的，是促进科学精神与人文精神的结合，使人的个性更适应社会发展需要。

十一、产业性

职业教育兼具教育性和产业性的双重特征，其与市场经济的有机融合，主要是通过人才供需关系的平衡协调来实现的。职业教育的产业化运作，是指职业教育的运行机制和管理模式要面向市场，进行投入与产出分析，并对其成本进行严格核算。职业院校在国家宏观调控下，按教育规律和市场规律办事，成为自主管理、自主办学的法人实体，逐步形成"原料采集（招生引资）"——"生产（教育教学）"——"销售及售后服务（就业培训）"一条龙的自主运行机制。

第三节 职业教育的地位

职业教育作为一种与社会经济发展联系最为直接、最为紧密的教育形式，在社会经济发展中处于不可或缺的地位。其发达程度是一个国家的经济发展水平和教育发展水平的风向标。

一、职业教育地位的基本认识

职业教育地位的内涵应该有以下四层意思：一是指职业教育在人们心目中的位置，即职业教育在人们的心目中所受到的重视或尊重程度的综合反映；二是指职业教育在经济建设和社会发展中应处的位置。职业教育是一种在经济建设和社会发展过程中起重要推动作用的一种教育活动。各国关于职业教育地位的阐述，一般也是指其在经济建设和社会发展中的作用；三是职业教育作为一种教育类型，它在整个教育体系中应处的位置。职业教育在教育体系中到底处于什么位置？与其他类型的教育到底是什么关系？职业教育是不是某些人认为的那样，从属于其他教育类型的教育？这些问题既影响职业教育本身的发展，又影响整个教育事业的发展。四是指职业教育在人的发展中所起到的作用。从根本上讲，职业教育是培养人的，它在经济建设和社会发展中的作用也是通过培养人来实现的，然而，我们以往却有意无意地忽视了对这方面的研究。

二、职业教育的地位

职业教育是国民教育体系的一个重要组成部分，是广大青年成才的重要途径，肩负着培养多样化人才、帮助青年就业的重要职责。《国家中长期教育改革和发展规划纲要（2010-2020 年）》把加快发展现代职业教育摆在更加突出的战略地位，要求职业教育切实把握发展机遇，着力解决突出问题，努力实现职业教育高品质发展，为实现中华民族伟大复兴的中国梦提供强有力的技术人才支撑，推动了职业教育的科学发展。

（一）职业教育是促进人的全面发展，满足个人生存需要的主要中介

职业教育的中介地位是指职业教育在人的发展中的特殊位置。如前面所述，职业教育促进人的全面发展，不是"普遍性"的或"特殊性"的，而是直接满足个人的生存发展需要。

（二）职业教育是继续教育、终身教育的主要内容之一

国家一直致力于普及义务教育，发展中等教育、职业教育和高等教育，并且发展学前教育。可见，高等教育、中等教育和职业教育是并列的关系。

（三）作为与经济社会联系最为紧密的重要教育类型，我国应该优先发展职业教育

相较于普通教育，职业教育与经济社会的联系更为紧密。职业教育是培养技术人才的重要手段。所以，国家应该优先发展职业教育。

（四）职业教育在个人的发展过程中占据重要的地位

马克思指出："大工业的本性决定了劳动力的变换、职能的变动和工人的全面流动性。"随着生产力的发展和经济社会的进步，人的职业和岗位会经常变动，这既是客观环境变化的必然，也是人的全面发展的需要。这就需要人们经常不断地从事这样或那样的职业，并接受职业技术教育或职业技术培训。

第四节　高职教育的特点

作为我国实施科教兴国战略，促进经济建设"两个根本性转变"的重要举措，高职教育的发展一直是我国教育改革与发展中的重要一环。近年来，随着我国高等教育的大众化，高职院校的生源日益减少，诸如国家财政拨款力度不够、办学特色不突出、社会认可度较低、生源质量较差等问题也日益凸显。如何办好高职教育，如何通过特色化办学模式培养具有较强竞争力的人才，是摆在每所高职院校面前的课题。

一、高等职业技术教育特色分析

与普通高等教育相比，高等职业技术教育以市场需求为办学导向，以职业要求为办学指南，以培养学生良好的技术能力为办学特色。

第一，在人才培养目标上，高职院校培养的是以技术型为主的高级实用人才，专业设置方面要求以"市场、职业、技术"为轴心，进行综合考虑，要求学生在毕业时不仅要获得学历，而且还要考取相应专业的职业资格证书或者专业技术等级证书。

第二，在课程设置上，不同于普通高等教育以学科理论系统为框架设置课程体系的模式，高职院校的课程开发主要是以培养学生的综合职业技能为中心。高职教育注重将理论课程与实践课程结合起来，重视实践，着重培养学生的动手能力与实践能力，学校一般建有生产实践基地或者实习模拟基地。

第三，在师资队伍的建设上，不同于普通高等教育重视教师的学术研究能力与学历等，高职院校更看重教师的职业技能。教师队伍以"双师型"教师为主，部分教师是具有丰富实践经验的兼职企业员工。

第四，在生源上，高等职业技术教育呈现多样化的特点。高职院校既可以招收普通高中的毕业生，也可以通过"双会考"招收中职毕业生，甚至还可以招收初中毕业生学习"五专生"课程。

第五，高职院校以地方和企业办学为主，强调社会办学。《中国教育改革和发展纲要》中提出："职业教育是现代教育的重要组成部分，是工业化、社会化和现代化的重要支柱。各级政府一定要高度重视，统筹规划，贯彻积极发展的方针，充分调动各部门、企事业单位和社会各界的积极性，形成全社会兴办多形式、多层次职业教育的局面。"这些要求为采用各种形式发展职业教育指明了方向。现阶段，我国已经实现了多元办学形式，包括国家办学、行业办学、企事业单位办学、社会团体办学、农村集体办学等。总之，高职院校与地方经济有着千丝万缕的联系，要做到政府、企业、人民需要什么样的教育，我们就提供什么样的教育；需要什么样的人才，我们就培养什么样的人才，这样才能更有效地为经济发展和社会进步服务。

二、当前高职教育发展中存在的问题

（一）教育定位不准

随着社会经济的飞速发展及高等教育的逐渐普及，不少高职院校在教育定位上出现了好大喜功、盲目追求升级本科院校等问题，逐渐脱离了自身的办学特色。一般来说，初等、中等职业教育主要培养高素质的劳动人才；普通高等教育主要培养拔尖创新型人才，而高职院校则负责培养专业技术型人才，因此，高职院校的教育定位应当是在高中教育的基础上培养大批专业技术型人才。然而，当前部分高职院校盲目追求专业的数量，淡化了学院的办学特色；没有明确的教育定位，培养目标不明确，模糊了高等职业院校与普通高等教育之间的界限；没有体现出行业特色与地方特色，误把高职教育办成了"压缩式的本科教育"，严重阻碍了高职教育的发展。

（二）课程设置没有特色

当前，高职院校普遍存在着课程设置没有特色的问题。贪多求全的专业设置导致课程设置不能突出职业院校的特点，高职专业特色越来越不明显，专业设置与市场需求脱节。过分追求专业课程设置的全面性的做法，削弱了学生的专业特长，致使学生缺乏职业竞争力，学生就业举步维艰。课程设置没有特色，不能突出学生的职业竞争力是当前高职教育面临的主要问题之一。若高职院校还用同一本教材、同一种教学方式来对待不同的学生，在教学中不能做到因材施教、不能培养学生的创新精神与动手能力的话，将会导致学生无法摆脱就业难的困境。

（三）办学质量下降

一所学校得以持续发展的关键是能够坚持高质量办学和能够培养具有较强竞争力的毕业生。然而，当前部分高职院校因为生源问题，不仅降低了自身的办学质量，还放松了对学生职业能力的培养。有些高职院校的专业设置呈现市场化趋势，盲目追求热门专业而不考虑自身的师资力量，最终使得学校办学质量下滑，严重阻碍了学校的高质量发展。

（四）社会认可度不高

由于高职院校普遍存在着以上几点问题，加上高职院校的分数线低于普通本科院校，生源也较普通本科院校复杂，高等教育的大众化程度越来越高，用人单位对求职者学历的要求越来越高等因素的综合作用，导致近年来高职院校的社会地位受到较大的影响，社会认可度较低。

三、高职教育特色化发展模式建议

（一）以专业建设为基点

高职教育的主要任务是培养技术型人才—集生产、建设、管理、服务于一体的高素质人才。因此，高职教育特色化发展模式的探索首先要以专业建设为基点，以专业课为主设置课程培养目标，制定人才培养方案。学校要以专业建设为基点，整合校内资源；以专业建设为蓝图，做好教育教学工作，尤其应当加强专业教师队伍的建设和校内实训基地的建设，以突出学校的特色。

（二）以校企合作为基础

校企合作是高职教育实现特色化发展的基础。与普通高等教育不同，高职院校的办学定位是培养实用型人才，其教育教学活动必须紧密符合经济社会发展的要求与企业自身的发展要求。因此，高职院校的校企合作办学是高职教育的特色之一。当前，校企合作办学呈现出新的趋势,即鼓励各学校发挥主观能动性,突出自身的办学特色,以政府为主导;以行业需求为参考标准,积极联系企业进行合作办学,通过与企业联合的方式共建育人平台、共组教学团队、共建实习基地、共享资源,使学校和企业之间形成全方位、多层次的合作关系。高职院校要通过与企业之间的合作建立协同发展的模式,做到校企之间优势互补、互利双赢,最终提高学生的综合能力。

(三)以工学结合为主线

高职特色化办学模式的主线是工学结合。学校通过工学结合,可以培养出既有职业素养,又有职业技能的高素质、技能型人才。其中,顶岗实习是目前高职院校用得最多、效果较好的模式。顶岗实习要建立相应的考核评价机制,不能任由学生在实习岗位浑水摸鱼、走过场,要让学生在工作中接受考验,提高学生的动手能力与职业素养。

(四)加强"双师型"教师队伍建设

师资队伍的建设水平不仅决定了人才培养的层次,甚至还影响了学校整体的发展战略。"双师型"教师队伍的建设与高职院校未来发展的命运密切相关,它不仅是师资队伍建设的目标,也是高水平人才队伍发展的目标。

(五)以产学研合作教学为重点

大力发展校企合作模式,提高产学研合作教学的效率,促进专业技能与产业链、课程内容与职业标准、教学过程与生产过程无缝对接,提高学生的综合能力。通过产学研合作教学,可以提高学生的思维能力与动手能力,提高高职院校的市场竞争力。

第二章 产教融合的理论基础与校企合作的背景和意义

人才培育是在学校中完成的，但绝不是在封闭的校园环境中完成的，它离不开学校与企业、社会的良性互动。因此，教育界与产业界围绕人才培育达成了产教合作的共识。随着合作的不断深化，校企双方就会形成平等互利的关系，逐步走向产教融合，这种产教融合本来是针对人才技能培育而形成的一种合作关系。但人才的培育不仅包括专业素养方面的培育，还包括德育方面培养，即人才培育坚持成才先成人，育才先育德的原则。而德行的培育同样离不开产学合作，同样需要坚持产教优势互补、协同育人的原则。产教融合与思想政治理论课教学有何关系，产教融合模式的实施对民办高职院校的德育工作提出了哪些要求，是本章将要探讨的内容。而要搞清这两个问题，就需要了解产教融合的相关理论以及我国高职院校产教融合的实践探索情况。

第一节 产教融合理论概述

一、产教融合的概念

（一）产教融合的概念

产教融合在宏观上体现为职业教育体系与国家产业休系的结合，在高职院校层面则体现为产学研合作的办学模式和人才培养模式的创新。具体来说，就是指教育界与产业界在教育与生产相结合的基础上突出合作的深度和广度，形成平等互利的关系，最大化地利用行业、企业、政府部门的教育资源和教育环境，达到优势互补、协同育人的效应，从而实现学生、学校、企业、社会多方共赢。

产教融合最初源于产教结合，本意是指职业学校根据所设专业，积极开办与专业相关的产业，把产业与教学活动密切结合起来，相互支持、相互促进，把学校办成集人才培养、科学研究、科技服务为一体的产业性经营实体，形成学校与企业一体化的办学模式。

产教结合的基础是"产"，即必须以真实的产品生产为前提，在这样的氛围中开展专业实践教学活动，教师才能充分发挥自己的专业能力，学生才能学到真本领。这样的"产"

不是单纯的工厂生产，它必须与教学紧密结合，其目的是"教"。在产教结合比较成熟的情况下，再逐步向"产、学、研"发展。学校真正具备了"产、学、研"的能力，职业院校真正适应了市场的需要，产教结合也就落到了实处，为产教融合项目实现高品质发展打下了坚实的基础。

（二）产教融合的由来

现代意义上的产教融合、工学结合的教育模式最早是在英国出现的，但现在世界上公认的产学合作教育理论的创始人是美国辛辛那提大学工程学院院长赫尔曼·施耐德。起因是他发现学生在书本上学不到实际技术，只有在工厂车间里才能学到，于是就组织学生在生产实践中学习，然后再回到教室学习。我国最早引入合作教育理念的时间是 20 世纪 80 年代初期或更早，通过检索可以发现，1981 年第 6 期的《外国教育动态》杂志就刊登了金含芳的一篇文章—《美国的合作教育》。但是国内还没有将合作教育作为一种教育模式进行描述，相关教育从业者也没有将"合作教育"应用到我国的教育实践中。应该说当时我国也存在与合作教育模式相类似的教育形式，不过当时通常使用的名称是教育与生产劳动相结合，或者是教育、生产、科研三者相结合。1984 年，原中国国家教育委员会的一个代表团在考察了加拿大的滑铁卢大学的合作教育后，认为合作教育作为一种教育模式值得中国借鉴。20 世纪 90 年代初期，我国学者在结合了中国的国情后，将合作教育称为"产学合作教育"，并在 1991 年 4 月中国产学合作教育协会成立大会上做了解释。协会第一任会长樊恭烋表示，产学合作教育就是学校与用人单位合作培育人才，因此，协会将它意译为"产学合作教育"，以突出企业和学校在合作教育中的地位和作用。后来，合作教育的科研作用更加突出，于是 1995 年 12 月，在中国石油大学（北京）召开的中国产学合作教育协会年会上，"中国产学合作教育协会"正式改名为"中国产学研合作教育协会"。但无论协会的名称怎么修改，其产学合作教育的基本内涵不变，仍是采取学校与用人单位合作的方式培养学生。

（三）国外高职院校产教融合的类型

目前，国外高等职业教育产教融合主要有两种模式：学徒制和合作教育。学徒制的实践探索主要以德国的双元制为主，近些年关于英国、澳大利亚等现代学徒制的研究也逐渐深入。各国对合作教育的研究几乎都是从高等教育开始的。美国高职院校的校企合作是以学校为主、企业参与为辅的合作方式，双方通过企业参与职业教育项目的方式进行合作。企业可以通过改善学校教学设施，帮助学校提升教学质量的方式参与合作；也可以直接参与实践教学，如企业提供工作岗位、科研项目等。在合作关系上，校企合作机制又有"以企业为主的校企合作"和"以学校为主的校企合作"两种形式。德国和日本多是以企业为主的校企合作，英国和澳大利亚则一般是以学校为主的校企合作。这些研究资料显示：职业院校建立职业教育产教融合校企合作机制应突出政府的主导地位；职业院校应建立企业参与学校运行的长效机制，增加职业教育与企业利益的关联度；管理体制上，相关职能部门、行业协会应积极参与校企职业教育发展规划，分工合作。

二、产教融合的相关理论

产教融合的相关理论主要有以下几种：一是马克思、恩格斯最早提出关于教育与生产劳动相结合的思想；二是强调教育与生产实践紧密结合的美国合作教育理论。

（一）马克思主义关于教育与生产劳动相结合的思想

马克思、恩格斯很早就提出了教育与生产劳动相结合的思想。马克思在《资本论》中提出："未来教育对所有已满一定年龄的儿童来说，就是生产劳动同智育和体育相结合，它不仅是提高社会生产的一种方法，而且是造就全面发展的人的唯一方法。"恩格斯则认为，教育与生产劳动相结合是向多方面的技术训练和科学教育提供实践基础的根本途径。马克思、恩格斯还指出，由于大工业生产的本性需要尽可能多方面发展的工人。因此，客观上要求企业将生产劳动与教育结合起来，使工人尽可能接受符合劳动要求的教育；此外，企业要求将教育与生产劳动相结合，以培养全面发展的劳动者。由于机器大工业生产是建立在现代科学技术基础上的，这就揭示了现代生产过程的"秘密"，并通过科学这一"中介"，为教育与生产劳动的有机结合打下了坚实的基础，综合技术教育也成了教育与生产劳动相结合的重要"纽带"。

（二）合作教育理论

合作教育的概念源于欧洲的劳动教育思想，最早的雏形是欧洲的工读教育。合作教育作为一种理论最早出现在 1946 年美国职业协会发表的《合作教育宣言》中。《合作教育宣言》指出："合作教育是一种将理论学习与真实的工作经历结合起来，从而使课堂教学更加有效的教育模式。"合作教育理论产生的背景是 20 世纪 40 年代末到 50 年代，美国的高等教育进入大众化时代，大批的中学毕业生涌入高校给高等教育的各项工作带来了极大的压力。在这种背景下，很多教育工作者认为，合作教育是解决这一问题的一种有效措施。通过对高校、企业和学生的调研，教育工作者发现这三方尤其是学生对参与合作教育有着很大的兴趣，认为这有利于学到更实际的东西，有利于他们毕业后与社会接轨。而不少企业也有参与合作教育的积极性，主要是因为合作教育有利于他们从即将毕业的学生中选拔员工，有利于提升企业的社会形象，也有利于提高员工的主人翁意识。从总体上看，企业更注重合作教育的长远利益，但也兼顾短期效益。

2001 年，世界合作教育协会（简称 WACE）在宣传资料中解释道："合作教育将课堂上的学习与工作中的学习结合起来，学生将理论知识应用于与之相关的、为真实的雇主效力且通常能获取报酬的工作实际中，然后将工作中遇到的挑战和增长的见识带回课堂，帮助他们在学习中进一步分析与思考。"

合作教育理论认为，合作教育的基本要素包括政府、学生、学校和企业。其中，学生、学校和企业是影响合作教育顺利进行的内部因素，而政府的支持则是外部因素。合作教育得以顺利运行的根本原因在于各方的利益得到合理分配，其中最关键的因素则是企业的支持。由于合作教育增加了企业的运营成本，并且要在学生的培养上花费更多的时间与精力，因而会给企业带来一定的麻烦。如果高职院校能准确把握企业参与合作教育的动力源和障碍因素，既可满足企业的需求，又可采取措施消除企业在合作教育中的顾虑，并帮助企业实现利益最大化，就能更有效地激发企业参与合作教育的动力，逐步建立校企双赢、持续发展的合作机制。

（三）威斯康星理论的社会服务观

教学、科研、服务都是大学的职能，这是当今社会人们普遍接受的理念，但在 20 世纪之前，大学只是教学的场所，至多是教学、科研的场所。如英国著名教育家纽曼在《大学的理念》一书中提出，大学的唯一功能是教学，大学是为传授知识所设，不是为科学研究而设。但德国柏林大学则对大学的单一教学职能提出了异议。柏林洪堡大学创办人之一威廉·冯·洪堡认为，科研职能是大学的根本价值所在。他说："如果规定大学的任务仅仅是教学和传播科学，而科学院则是发展科学，这对大学显然是不公平的。如果对科学没有持续不断、独立的认识，也根本不可能真正地把科学作为科学来教授。因此，只要安排得当，大学肯定能够肩负起发展科学的任务。"柏林洪堡大学的创建标志着教学型大学向研究型大学的转变。

20 世纪初期，在美国形成了著名的"威斯康星思想"，即威斯康星大学在教学和科研的基础上，通过培养人才和输送知识两条渠道，打破了大学的传统封闭状态，努力发挥大学为社会服务的职能，对全州的经济社会发展起到了重要的推动作用。威斯康星大学以其卓越的成就受到了世人的称赞，被各州乃至国外大学所效仿。"威斯康星思想"创造性地提出了大学的第三职能—为社会提供直接的服务，使大学与社会生产、生活实际更紧密地联系在一起，同时也使得高等职业教育的社会服务职能同步得到强化。在这一理念的引领下，1904 年，威斯康星大学提出了"威斯康星计划"。这项计划赋予了威斯康星大学两项重大使命—"帮助州政府在全州各个领域开展技术推广，帮助本州公民"。随着威斯康星大学不断完善其为威斯康星州服务的职能，学校在诸如畜牧科学、生物科学和细菌科学等学科方面迅速发展，逐渐处于全美领先地位。

（四）建构主义理论的技能学习观

建构主义是认知心理学派中的一个分支，最早源自美国儿童认知发展理论，其主要代表人物有瑞士心理学家让·皮亚杰、美国生物学家亚瑟·科恩伯格、苏联心理学家列夫·维果斯基。

建构主义理论中有一个重要的概念叫作图式，指个人对世界的知觉理解和思考的方式，也可以把它看作是心理活动的框架或组织结构。图式是认知结构的起点和核心，或者说是人类认识事物的基础。因此，图式的形成和变化是认知发展的实质：认知发展受同化、顺应和平衡三个过程的影响。同化是指学习个体对刺激输入的过滤或改变的过程，也就是说，个体在感受到刺激时，把它们纳入头脑原有的图式之内，使其成为自身的一部分，就像消化系统吸收营养一样。顺应是指外部环境发生变化，而原有认知结构无法同化新环境提供的信息时所引起的，个体认知结构发生重组与改造的过程，即个人的认知结构因外部刺激的影响而发生改变的过程。平衡是指学习者通过自我调节机制，使认知发展从一个平衡状态向另一个平衡状态过渡的过程。

建构主义学习观主要包括以下观点：一是知识不是通过教师传授而得到的，而是学者在一定的情境下，即在社会文化的背景下，借助其他人（包括教师和学习伙伴）的帮助，利用必要的学习资料，通过意义建构的方式获得的。由于学习者是在一定的情境下，即在一定的社会文化背景下，借助其他人的帮助，如通过协作活动而实现的意义建构过程。因此，建构主义学习理论认为"情境""协作""会话"和"意义建构"是学习环境中的几大要素。二是学习者不是被动地接收信息刺激，而是主动地建构意义，是根据自己的知识背景，对外部信息主动地进行选择、加工和处理，从而建构起自己获取知识的意义。外部信息本身没有什么意义，意义是学习者通过对新的知识、新的经验进行反复的相互作用而建构成的。因此，学习并不是像行为主义所描述的"刺激反应"。三是学习意义的获得，即每个学习者以自己原有的知识经验为基础，对新信息重新认识和编码，建构自己对新知识和新经验的理解过程。在这一过程中，学习者原有的知识和经验因为新的知识和经验的增加而发生调整和改变。四是同化和顺应，是学习者认知结构发生变化的两种途径或方式。同化是认知结构的量变，而顺应则是认知结构的质变。同化与顺应循环往复，平衡与不平衡相互交替，人的认知水平的发展就是这样一个过程。学习不是简单的信息积累，更重要的是解决新旧知识和经验的冲突，以及由此而引发的认知结构的重组。学习过程不是简单的信息输入、存储和提取，而是新旧知识和经验之间相互作用的过程，也是学习者与学习环境之间的互动过程。

总之，建构主义提倡的是在教师指导下、以学习者为中心的学习方式。也就是说，构建主义既强调学习者的认知主体作用，又重视教师的指导作用。教师是意义建构的协助者和促进者，而不是知识的传授者与灌输者；学生是信息加工的主体、意义的主动建构者，而不是外部刺激的被动接受者和灌输知识的对象。其核心用一句话来概括，即以学生为中心，强调学生对知识的主动探索、主动发现和对所学知识意义的主动建构（而不是像传统教学那样，只是把知识从教师头脑中传送到学生的笔记本上）。以学生为中心，强调的是"学"；以教师为中心，强调的是"教"，这正是两种教育思想、教学观念最根本的分歧所在。

（五）多元智能理论的人才培养观

多元智能理论是美国心理学家、教育学家霍华德·加德纳在1990年出版的《智能的结构》一书中系统提出的，并在后来的研究中得到不断完善和发展。

多元智能理论将智能定义为"在特定的文化背景或社会中，制造产品的能力"，即智能就是在某种社会文化环境的价值标准下，个人解决自己遇到的难题或创造出具有价值产品的能力。该理论强调在情境中剖析问题与解决问题,是对传统的以语言智能和逻辑智能为核心的测评标准的颠覆。

多元智能理论的人才培养观认为学生的发展是一个过程,每名学生都有相应的智能优势。主张尊重学生个人的发展差异,依据学生的不同成长背景和性格特点,正确判断每名学生的不同发展特点和发展潜力,为每名学生提出适合其发展的具体建议,这就要求教师应充分地了解学生。加德纳认为各种智能的发展是有阶段性的。因此,各级学校应根据学生所处的不同阶段灵活安排教学活动。加德纳还认为,每个人都有优势智能和劣势智能,都有自己的学习风格和特点。因此,教育者要充分尊重学生的个性,制定适合学生的教学方式和方法。此外,他还认为,智能的发展受文化和环境的作用,智能发展是文化、环境与学习主体相互作用的结果,如果错过发展的关键期,就难以再发展。

(六)实用主义教育理论的实践主导观

实用主义教育理论是西方教育思想的一个重要流派。美国哲学家、教育家约翰·杜威是该理论的倡导者和最主要的代表。他不倾向于把哲学看作纯学术的东西,而主张把它同人类的实际发展联系起来,并尝试把实用主义哲学应用于教育理论。

约翰·杜威认为,世界上最根本的东西是纯粹的经验,经验是有机体和环境相互作用的结果。所谓相互作用,是说有机体不仅被动地适应环境,而且对环境也起着作用,其结果是对环境所造成的变化反过来对人的机体及其活动起反作用。这种密切的联系就形成了所谓的"经验"。所以,他说:"认识本身就是一种行动。"他还明确地表示:"在我的教育事业背后,存在着一个颇为抽象的'知'和'行'之间关系的思想。"这个思想是杜威教育理论的核心。

从"经验"这个中心概念出发,杜威认为"一切学习来自经验",并且指出,相信真正的教育从经验中产生,并不意味着一切经验就真正具有教育作用。在此基础上,他宣称"教育即生活",教育是一个过程,是一个"不断改组经验,重新组织经验"的过程。也就是说,教育就是经验的不断改造。在他看来,人不能脱离环境,学校也不能脱离生活。学校教育应该将现有的生活情境作为其教学的主要内容,而不应该把未来的东西,或以往的经验强加于学生。否则,就会把学生陷于被动的地位。由此论点出发,杜威提出了"学校即社会"的观点,要求把学校建成和现有社会制度一样的环境,以便培养能完全适应社会生活的人才。

杜威还非常重视教育过程中师生之间合作关系的培养。他认为,在教育过程中鼓励学生自己发现问题和解决问题,并不意味着教师可以袖手旁观,保持沉默,而是意味着教师要积极参与学生的学习活动。杜威反对采取威吓和压制的方法进行教育和教学,要求各门课程的教学过程是师生合作的过程,是师生共同参与的过程。

受杜威教育思想的影响,我国人民教育家、思想家陶行知提出了生活教育理论;我国著名儿童教育家、心理学家陈鹤琴提出了以生活教育为特色的幼儿教育思想;我国教育学、外国教育史专家罗廷光等认为杜威的演讲影响巨大。总之，这一时期有很多教育家或学者都受到了实用主义教育思想的影响。

（七）终身教育思想

"活到老，学到老"是中国流传的古语。古希腊哲学家苏格拉底很早就提出这样的终身学习目标："只要一息尚存，我永不停止哲学的实践，要继续教导、劝勉我所遇到的每一个人。"中国古代伟大的教育家孔子也提出过"吾十有五而志于学，三十而立，四十而不惑，五十而知天命，六十而耳顺，七十而从心所欲，不逾矩"的毕生学习理念。

具有现代意义的终身教育思想萌发于19世纪末20世纪初。1919年，英国在《成人教育报告建议书》中提出：成人教育是永远的民众需要，具有普遍性和终身性。不过，正式提出终身教育的理念则是在1965年。在当年联合国教科文组织召开的"第三届促进成人教育国际委员会"上，法国著名成人教育家保尔·朗格朗做了学术报告。这次会议建议联合国教科文组织批准终身教育的原则。之后，联合国教科文组织将报告名称译为终身教育。在此基础上，保尔·朗格朗于1970年出版《终身教育引论》，该书成为终身教育理论的经典著作，他本人则被誉为"终身教育的积极倡导者之一"。

终身教育思想提出的背景是现代社会人们面临着新的挑战，应对这些挑战的有效方法就是实施终身教育。

终身教育思想的基本内涵：终身教育即动态教育。人们的能力和修养要通过不断接受教育、不断学习来提高。终身教育的内容是广泛的，不仅包括与职业相关的专业知识，还包括生活中的各个领域。终身教育追求与时俱进，引导人们如何学习，以避免其成为未来的文盲。终身教育的形式较为灵活，学习时间可长可短；学习地点可以不固定，包括校内学习、校外学习和远程网络学习等；教育形式上有学历教育、岗前培训以及在职学习等。学习形式和方法的多样化，保证了任何有学习需求的人都可以随时随地接受教育。终身教育体系的建立和发展，为所有有学习需求的人，尤其是弱势群体接受教育奠定了良好的基础。因此，要大力发展成人教育，各级院校要以终身教育思想为指导，推进教育内容、教育方法与教育体系内容的变革，形成一个涵盖学校教育、社会教育与家庭教育的现代教育制度。

第二节　产教融合的功能与作用

产教融合就是将生产与教育有机结合起来，通过产教融合、校企合作，高职院校能够为学生在理论学习之余，提供更多的实践机会，提高学生的专业能力和实践水平。产教融合模式将企业、学校、政府、社会组织等结合起来，进行资源整合与优化配置，实现优势互补。产教融合模式对高校教师提出了新的要求，高校教师只有不断地提升自己的专业素养，才能符合产教融合的教学要求。因此，产教融合模式有利于提高教师的教学水平。产教融合模式是高职教育的新形式和新思路，是对高职教育的一种创新。产教融合模式的根本任务是通过创新教育形式、整合教育资源、提高教师的教学水平，以达到提高学生专业素养、满足社会对实用型人才的需要的目的。同时，产教融合模式有利于企业的技术革新，有利于生产水平和效率的提升，有利于企业的高质量发展。由此可见，产教融合是实现学校和企业共同发展的重要手段和有效途径，是高校教育价值、社会价值和经济价值的集中体现。产教融合促使高职院校根据企业的需求培养人才，并促使高职教师将理论知识与专业技能的传授科学地结合起来，进而培养出更多的实用型人才，为企业发展提供强有力的人才支持和智力支持，最终提升我国企业的综合实力，促进社会主义市场经济的高质量发展。

一、有利于专业定位和建设

从企业和高校的紧密合作对高校专业设置的影响看，当社会经济发展的路径发生变化时，企业能够第一时间感知到。企业将所需要的人才培养标准及时传达给高校，高校及时做出响应，使学校的专业定位始终能够跟上时代的步伐。从教育方面看，近年来，我国职业教育的一大特色是以职业学校为主体，培养初入职的技术人才，职业院校对产教融合、校企合作共同育人的需求格外强烈。企业对于行业需要的人才定位比较清楚，能够给高校的专业定位和学科发展把脉。产教融合、校企合作培养技术人才是职业教育开展较为成功的国家的共同规律。目前，我国正处于工业化后期，国家在努力实现产业升级转型、建立创新驱动的现代产业体系，对复合型和创新型技术人才的需求促使企业不断进行改革。这对企业解决保障技术应用和技术人才发展的实际问题，具有重要的意义。

"十一五"以来，我国职业教育在校企合作方面，创设了"订单式"培养、工学交替、校中厂、厂中校、"政、校、企"三方联动等一批具有区域行业特色的校企合作人才培养实现形式，形成了"合作办学、合作育人、合作就业、合作发展"的校企合作人才培养理念，但是职业院校在开展校企合作的过程中也遇到了很多困难。实行校企合作、工学结合的职业教育人才培养模式，是高职院校进行技能型人才培养的有效途径，体现了职业教育的本质特点。职业教育所肩负的培养技能型人才的任务需要职业院校与企业共同承担，这一点也在职业院校和企业的合作中逐渐达成共识。

二、有利于提升教师的专业能力

校企双方经常互派人员进行轮岗实训，企业派专业技术人员到校为师生讲学，有利于提高师生的操作水平；高校派教师下企业锻炼，在企业生产一线，教师的专业技能得到了明显的提高。2009年，《宁波市职业教育校企合作促进条例》开始施行，这是我国第一部有关职业教育校企合作方面的法规，为明确职业院校、企业和政府部门职责，预防学生在实习期间发生意外伤害事故，保护企业商业秘密等方面提供了法律依据，为宁波地区职业院校和企业合作培养高素质技能型人才，促进校企合作提供了法律保障。同时，也是完善我国地方校企合作法规的重要标志。职业教育实行校企合作和工学结合的人才培养模式，不仅有利于应用型、技能型人才的培养，而且符合我国关于教育同生产劳动相结合、培养全面发展的人的基本教育方针，为加快制定国家职业教育校企合作法规提供了宏观性的思想框架。我国在校企合作的模式与制度探索上，鼓励地方先试先行。近年来，许多地方对校企合作的认识水平不断提高。高校教师所接触的理论知识较多，但实践方面的技能比较缺乏，大部分高校教师都没有太多的项目经验，通过产教深度融合可以提高教师的专业水平。教师在掌握了技能后，再结合自身丰富的理论知识，就可以提出建设性的意见，帮助企业解决实际问题。

针对职业教育校企合作模式，我国从教育、经济和劳动三方面建立了规范性框架。目前，《中华人民共和国教育法》《中华人民共和国劳动法》和《中华人民共和国职业教育法》中关于教育与生产劳动相结合、教育为经济建设服务以及职业教育校企合作的规定，对于促进校企合作的发展发挥了积极的作用。

三、有利于学生就业

课程体系是学科发展的载体，企业岗位的各项技能都需要通过课程体系来实现，通过相应课程来培养对应岗位的技能。企业对岗位职责有比较全面的了解，能够对各工种的工作任务职责做出详细规划，高职院校可以根据这一详细规划将岗位职责标准转化成课程标准，将企业项目实例转化为课程教学的案例。企业参与人才培养的全过程，按照自身对人才的定位进行人才培养，这样学生便能够第一时间掌握行业最新技术，毕业后就可以在相关企业就业，这样便有利于提升就业率和产教融合的水平。

职业教育校企合作分类是根据职业教育校企合作的共同点和差异点，采用一定的标准和方法，依据一定的原则而进行的、系统的划分和归类。本书根据人力资本类型、企业采用的生产方式，以及校企合作中涉及的专业类别等对校企合作进行了分类，并研究了各类型的校企合作的特点，以期发现不同类型的校企合作的政策诉求。在多样化的校企合作类型中，并非所有类型的企业都能积极参与校企合作。例如，知识依赖型企业、以手工生产方式为主的企业等，他们的合作意愿低，参与合作的面比较窄，形式比较单一，对这些企业与院校的合作，政府及各部门应加强引导，不强制施行。以手工生产方式为主的校企合作，合作的周期长，学徒的专业技能比较全面，产教融合的水平基本有保障。在政策上，有关部门应引导这类企业参与校企合作。体力依赖型企业的一线工作具有简单重复、劳动技术含量低、用人不分专业、计件工资制等特点。因此，这类企业是职业院校技术人才培养的天敌。尽管体力依赖型企业十分需要实习生的顶岗劳动，对职业院校的学生很有热情，但是这类企业却不适合培养人才，政策上也不应该鼓励高职院校与这类企业开展合作。

四、产教融合存在的问题

我们曾经就校企合作中存在的问题以及校企合作参与各方对政策的诉求做过一次全国性的调研，主要是选取经济发展较快、经费投入力度较大、企业参与职业教育的意识较强的地区作为样本进行调研。

调研发现，职业院校的校企合作中既有老生常谈的问题，也有发展过程中的新问题，高职院校需要认真考虑解决问题的办法，不断推进校企合作的向前发展。我国职业教育校企合作存在企业、院校、学生等多个层面的问题，这些问题是系统培养高端技能型人才适应经济发展方式转变和产业结构升级的重大障碍，是当前中国职业教育亟待解决的问题。

（一）校企合作有待进一步加强

第一，高职院校对如何发挥自身的主导作用认识不足，对实现自身主导作用的形式和路径缺少探索和经验积累。

第二，校企合作的管理制度和模式尚不完善，国家有关部门参与校企合作研究的职责分工有待明确。

第三，校企在经费投入引导、保障机制、监督评价体系等方面的合作还不完善，校企双方的资源整合不到位。

（二）企业作为育人主体的作用和责任缺失

第一，当前职业教育处于发展的初期阶段，企业表达校企合作意愿的机会和条件尚不成熟，参与职业教育的动力不足。

第二，企业缺乏战略发展理念，社会责任意识不强，合作关系大多靠情感维系。

第三，在具体学科发展、课程开发以及就业管理等环节中，企业大多处于被动状态，部分校企合作流于表面形式。

第四，体力依赖为主的企业大量存在，企业转型升级尚未完成，缺乏参与技能型人才培养的动力。

（三）职业院校的校企合作育人理念需要进一步融合

第一，部分院校的教师对现代职业教育理念理解不深，职业院校的校企合作发展机制不健全，整合资源的能力不够。

第二，院校在合作企业的选择上，存在选择面较窄，专业水平不高，难以引领行业发展等问题。

第三，部分院校的服务能力较弱，难以吸引优秀企业参与其中。

第四，未能确立被校企双方共同遵守的教育规范和标准，难以适应产业发展的要求。

第五，对学生的实习监管不到位，难以保证实习的质量。

（四）学生的实习活动与实际工作状态存在一定的区别

就业前的实习活动与实际的工作状态存在一定的区别。在我国职业教育的实际教学过程中，一是学生的岗位实操和实训内容要求与企业的人才定位，与工作岗位要求不相符；二是学生实习的内容、场地安全、工作时间等没有明确的规定；三是学生的责任心、吃苦耐劳等品质没有清晰的评价标准。

第三节　高职院校校企合作的背景和意义

校企合作是我国高等职业技术教育发展的必由之路。目前，许多高职院校在大力发展校企合作人才培养模式。本节论述了高职院校校企合作的本质意义，分析了高职院校校企合作主要模式的利弊及存在的问题，并提出了相应的对策，以期对高职院校校企合作方面工作的研究有所帮助和启发。

《国家中长期教育改革和发展规划纲要（2010-2020）》提出，要大力发展职业教育，把提高质量作为重点。以服务为宗旨，以就业为导向，推进教育教学改革。实行工学结合、校企合作、顶岗实习的人才培养模式。调动行业、企业的积极性，建立健全政府主导、行业指导、企业参与的办学机制，制定促进校企合作办学法规，推进校企合作制度化。增强高等职业教育吸引力。完善职业教育支持政策，改革招生和教学模式，完善就业准入制度，建立健全职业教育课程衔接体系，提高技能型人才的社会地位和待遇等。总之，校企合作就是学校与企业之间建立的一种"内""外"结合的人才培养模式，也是目前许多高职院校在大力发展的人才培养模式。

一、校企合作的本质意义

（一）学校方面

校企合作有利于提高职业院校的教学质量，符合职业教育发展的内在规律。在校企合作过程中，学校每年可定期派遣一定数量的骨干教师到企业挂职锻炼，这样更有利于学校"双师型"教师队伍的建设。校企双方可以就人才培养方案、课程体系、评价模式、教学模式改革等方面进行商讨，共同开发校企合作特色课程，促进高职院校改良传统的人才培养模式，从而提高学校整体的教学质量。

（二）企业方面

校企合作有利于企业储备人才和实施人才战略，符合企业培养人才的内在需求。参与校企合作的企业可以优先招聘顶岗实习生，或录用在校各方面表现比较优秀的学生，这些学生一进入企业很快就能胜任工作，从而大大降低了企业的用人成本和用人风险，使企业获得实实在在的利益。此外，通过校企合作项目的建设，企业可以在与学校加强交流与互动的过程中，将企业的文化与理念传递给教师和学生。

（三）学生方面

校企合作可以促进学生就业，提高学生的就业竞争力，这也符合高职学生职业生涯发展的需要。通过校企合作尤其是"冠名班"形式的合作，企业可以向学校提供实训场所；为学生提供奖学金；组织学生参加大型活动；定期选派技术骨干到校为学生无偿授课，将丰富的专业知识与综合实训课程融入课堂教学活动中，使学生们在学校里就有机会接触和掌握企业中相应岗位的专业知识，体验真实的工作环境。同时，企业还将为学生提供阶段性实习岗位、暑期工岗位等，最大限度地让学生接触企业、了解企业，为以后真正走上工作岗位打下坚实的基础。

二、我国高职院校校企合作的主要模式

（一）"项目化"合作教育模式

学生进入企业顶岗实习阶段，通过企业安排的具体岗位项目的锻炼，企业员工直接参与指导学生，以生产一件产品为目的完成项目任务。学生的学习目标非常明确，实现了所学技能与工作岗位的无缝对接。这种合作模式下，学校和企业比较容易建立合作教育关系，容易找到合作的切入点。

（二）"订单式"人才培养模式

"订单式"人才培养模式就是为企业"定做人才"，真正做到了用人单位和学校之间的零对接，实现了"招生、培训、就业一体化"。学生入学时，学校就将其就业作为项目进行组织规划，校企要共同制定人才培养方案、教学内容、职业规划以及就业政策等，学生毕业后直接到合作企业就业。这种培养模式下，学生在校期间的整个学习计划都由企业与学校共同制定并实施，考试和培训的内容主要来源于企业的实际工作内容。这种校企合作模式能为企业提供最需要的人才，企业用较小的投入获得了良好的效益。

但目前我国高职院校"双师型"教师的质和量都严重不足，这直接影响了我国高职院校的教学质量。此外，这种合作模式下，高职院校的培养人数、培养时间可能完全根据企业需求来确定，学校比较被动，没有主动权，所以学校要规避企业制定的人才培养方案过于单一的问题。

（三）资源共享模式

该模式实际是一种工学交替的合作模式，学校把专业课的实训环节搬到企业车间或科室，把毕业实习考评工作放在顶岗实习中进行。学生在真实的岗位上边学边练，通过这种理论联系实际的教学模式，实现了对学生的"学习、实习、就业、发展"四位一体的培养目标，从而有利于高职院校达到提升学生专业素养、提高学生职业道德的教学目的。通过

工学交替合作模式的运用，可以有效地解决影响高职院校发展过程中普遍存在的实训场所不足、环境不佳、效果不好等问题。我国的工学交替合作模式借鉴了德国的"双元制"教学模式。"双元制"教学模式是指"重校企合作、重实践过程、重方法训练、重能力培养"，其成功经验被许多国家借鉴和推广。但由于对校企合作缺乏相应的法律制度指引，我国的学校与企业在推行这种工学交替模式时，还存在着较大的阻力。此外，由于企业的技术具有一定的保密性，企业一般不希望与学校进行资源共享，因为企业不能违背自身追求最大利益的属性。因此，对于企业来说，资源共享不是一种理想的校企合作方式。

三、校企合作存在的问题

（一）传统的人才培养模式制约了校企合作的开展

传统的人才培养模式已经无法有效地满足经济社会的发展需求和行业不断变化的发展需求。而对于高职院校来说，尤其是那些由中等专业学校改制、合并而成的高职院校，传统的人才培养模式对校企合作的影响是普遍存在的。高职院校的课程改革在课程实施层面没有大的突破，课程设计与高等职业教育的教学要求有一定的差距，课程内容和实施标准不统一，不符合校企合作的人才培养模式；教学计划的制定权属于学校，教学内容不符合企业对高技能人才培养的要求；以传授理论知识为主的授课方式不能充分调动学生的学习积极性，不能培养学生的动手能力，更不利于校企合作人才培养模式的开展。

（二）"双师型"教师相对匮乏、科研力量较为薄弱

目前，我国职业院校师资制度体系还不完善，存在着整体素质不高、结构不合理等方面的问题，存在着"双师型"教师教学水平质量不高、人数严重不足等问题。由于受到办学经费不足等因素的制约，高职院校教师，特别是刚刚进入高职院校的年轻教师很少有机会到企业一线进行实践锻炼，教师的动手能力普遍不强，专业实践能力偏弱。教师没有在企业工作的经历，某种程度上造成了教师指导能力不强、不能适应职业教育改革和发展的要求、院校的教学资质不符合校企合作的基本条件等问题。此外，高职教师的科研能力较弱，这也在一定程度上限制了高职院校与企业的深度合作。

（三）缺少良好的校企合作运行机制

目前，我国的校企合作带有比较明显的自发性和民间性，虽然教育部等行政部门出台了《关于推进高等职业教育改革创新 引领职业教育科学发展的若干意见》（教职成〔2011〕12号）等文件，鼓励和支持高等职业院校开展校企合作办学，但由于部分高职院校的执行力度不够，目前我国还没有形成长期稳定、双向互动、运转良好的校企合作机制，部分企业缺乏合作办学的内在动力。此外，企业一线的"能工巧匠"参与高职院校教学和人才培养的制度和机制尚未建立起来。

四、解决校企合作问题的对策

（一）以校企合作为切入点，深化人才培养模式改革

1. 构建"校企合作"专业核心课程体系。课程体系的构建应在高职院校的教师与企业专家分析企业生产经营活动，了解职业岗位群的工作任务，依据实际工作过程中对应的知识、能力和素质要求，经过市场调研和专家研讨后确定。在行业专家和教师的指导下，高职院校应以岗位工作流程为主线、以岗位真实工作任务为载体，对岗位工作任务进行分析。在此基础上，教师设计学习情境及学习项目，打破传统的学科体系，形成新的人才培养方案。在构建教学课程体系时，高职院校要以核心能力为本位确定实践教学环节，强调获取职业资格证书的重要性，按照"一体两翼"的教学目标进行教学管理，实现高职教育"双轨"同步。

2. 积极推进"教、学、做"一体化的校企合作教学模式。深化教学改革，在"校企合作、工学结合"的基础上，对于师资队伍建设要坚持"专兼结合"；在教学中充分利用现代信息技术和先进的教学设备，保证"教、学、做"一体化的顺利开展。高职院校要将职业技术课的教学工作贯穿于实践活动之中，通过院校与企业的密切联系，让学生较早地接触职业岗位、较早地接受职业教育，使学生在学习理论知识的同时，实现所学技能与工作岗位的实际工作任务无缝对接。

3. 加强师资队伍建设。高职院校要与合作企业密切配合，共同制订《双师型教师培养计划》，联合企业，共同培养专业教师；制订《兼职教师管理办法》和《兼职教师培训计划》，聘任一批学历层次高、专业素质好、能胜任教学工作的企业专业人员担任兼职教师；安排专任教师定期到企业进修、锻炼，以实现学校与专兼职教师的双向流动。专任教师可以从高职院校现有的"双师型"教师中遴选，参与教学的企业员工可以由学校和合作企业共同商定与选聘，从而建立一支理念先进、结构合理、师德高尚、专业技能强、科研能力强、团结协作意识强，以及具有高学历、高技能、高职称的专职与兼职一体化的教师队伍。

（二）建立良好的校企合作运行机制

成立由学院领导、企业高层管理者组成的校企合作理事会。按照"合作办学、合作育人、合作就业、合作发展"的方针，逐渐完善校企合作机制。校企合作机制必须从学校为主、合作企业被动参与的形式向企业主动参与、校企共同管理的形式转变，使校企合作进入良性循环，实现人才共育、过程共管、资源共建、成果共享、责任共担的校企合作办学机制。在校企合作理事会的统一协调与管理下，建立每个学年都召开校企联席会议、专业指导委员会的例会制度；建立企业参与人才培养方案制订、实施、监控、评估等全过程管理的运行机制；建立校企合作组织机构，完善校企合作管理制度，明确校企双方的责任权利，增强校企之间的信息交流，协调高职院校各专业与企业的项目合作；建立健全指导教师的聘任、考核、评先、奖励等管理制度，加强对指导教师的管理；校企合作，建立健全

学生专业实习及顶岗实习效果的评价制度。

　　总之，校企合作是我国高等职业技术教育发展的必经之路，高职院校要积极探索校企合作机制，积极与企业在办学、育人、就业等方面展开全面合作，实现"无缝对接"的校企一体化培养人才机制，促进校企的深度融合。高职院校要为学生提供校内外实训场地，努力创造实习和就业的机会；为院校教师创造进企业实践锻炼的机会，为学校组建德才兼备的"双师型"教师队伍；制定出符合高职教育发展规律的课程体系，转变教育思想，改变人才培养模式，从而为企业培养出高素质的应用型人才。

第三章 行业、企业和学校在校企合作中的地位与作用

《国家中长期教育改革和发展规划纲要（2010—2020年）》提出："创立高校与科研院所、行业、企业联合培养人才的新机制""建立健全政府主导、行业指导、企业参与的办学机制，制定促进校企合作办学法规，推进校企合作制度化。"

第一节 行业的指导地位与作用

高等院校的专业设置、人才培养、毕业生就业等都与行业、企业密切相关。校企合作需要多方努力，共同完成。所以，建立一个具有高效协调能力的机构十分必要。

现阶段，有关部门对企业和高校的管理已经从直接管理转变为引导和调控。在这种情况下，校企合作中的管理、服务、指导等工作就需要由行业组织来共筹。因此，行业组织在校企合作办学中的指导地位和作用就显得十分突出。

一、行业组织的指导地位和作用

（一）行业组织的地位

行业组织是由公民、法人或其他组织在自愿的基础上，基于共同的利益要求组成的一种民间性、非营利性的社会团体。行业组织是行业成员的利益代言人和维护者。

2011年6月，教育部在《关于充分发挥职业教育行业指导作用的意见》中明确指出："要充分发挥行业对职业教育的指导作用。"职业院校要在行业的指导下全面推进教育教学改革，探索和构建职业教育行业指导工作体系，使职业教育符合产业结构调整的要求，培养大批现代化建设需要的高素质劳动者。

行业组织是其所在行业职业资格标准的主要制定者，是学校制定专业培养目标的指导者。由于行业组织是连接政府、学校和企业的桥梁，因此，行业组织既可以协助政府实施各项政策法规，又可以将学校、企业等各个方面的有关信息反馈给政府；既可以对学校与培训机构提供指导服务，又可以对他们进行监督和评估。行业可以运用自身的组织优势，发挥行业的指导作用，协助政府办好校企合作。

（二）行业组织的作用

行业组织在校企合作中可以代表学校和企业向政府提出建议，扩大学校与企业合作的空间，改善校企合作的内外部环境；可以代表企业参与学校的管理，对学校的专业设置、人才培养模式提出要求和建议。行业组织可以通过以下几个方面在校企合作中发挥指导作用：

1. 行业组织可以促进企业与学校的相互合作

第一，行业组织最了解本行业的技术发展水平，了解本行业需要什么样的人才，需要多少这样的人才；行业组织可以借助信息发布平台，系统、准确、及时地发布劳动力市场供求信息；第二，行业组织作为各个行业的指导者，能够动员下属企业参与高等学校的校企合作；第三，行业组织可以有针对性地指导那些没有足够能力承担人才培养任务的中小型企业，使中小型企业能通过彼此之间的联合，以及依靠大型企业的帮助，参与校企合作，保证整个行业的良性发展。

2. 行业组织可以规范本行业的校企合作

行业组织由于代表着本行业的共同利益，因此，对行业内的企业有一种天然的约束力，行业组织可以规范本行业的相关企业按照统一的章程开展校企合作。通过发挥行业组织的规范和指导作用，可以使企业和学校摆脱不规范的校企合作管理制度，建立理论联系实际和科学高效的校企合作教育制度。各行业组织负责指导企业内部校企合作教育的许可、咨询、考试及监督，其中包括：（1）审查及确认培训企业的资格；（2）缩短或延长培训时间；（3）制定结业考试条例，组织与实施期中考试、结业考试。

3. 行业组织可以有效地推进教育教学改革

行业组织可以在校企合作的专业布局、课程体系、评价标准、教材建设、实习实训、师资队伍等多个方面，发挥重要的指导作用。行业组织通过发挥自身的指导促进高等院校专业设置的规范管理、更新课程内容、调整课程结构、开发教学指导方案，督促高等院校遵循教育规律和人才成长规律，推动高等学校的教育教学改革工作。

（三）需要解决的问题

尽管我国的行业组织在政府的主导下积极参与企业的管理，发挥了行业组织的桥梁作用，建立了连接企业、学校和政府的桥梁。但是，我国行业组织在指导校企合作教育的过程中，还面临着不少问题。

1. 部分校企在合作上各自为政

现阶段，部分职业院校和行业、企业在校企合作上仍然各自为政，这也造成了职业院校学生就业难、行业和企业招聘难等尴尬局面。

2. 行业组织责任履行不到位

在指导校企合作的过程中，行业组织对企业的管理不到位，不能很好地督促企业在校企合作中履行责任。

3. 行业组织工作受限

行业组织属于民间的社会团体组织，是非营利性机构。这一组织性质使得行业组织在全面指导产教结合、校企合作的过程中面临诸多困难。

4. 行业组织指导作用被忽视

尽管校企合作的双方均认识到行业组织参与校企合作的必要性，但是在实际合作过程中，合作双方往往认为校企合作只是学校和企业双方的事情，而忽略了行业组织的指导作用。因此，校企应借助行业组织的优势，通过行业组织来指导学校的课程设置、专业设置，完善校企合作的管理制度，这样可以有效降低校企合作的盲目性，提高校企合作与人才培养的质量。

二、国外行业组织发挥指导作用的实例

（一）德国行业组织的指导作用

德国的职业教育有三级管理机构：联邦、州和地区、行业组织。行业组织属于第三级职业教育管理机构。德国法律规定，所有企业必须在本区域内的行业组织登记，参加相应的行业组织。这些行业组织主要包括工商行业协会、手工业协会、农业协会、律师协会、医生协会等。在德国，行业组织是经济界的主管部门，拥有很大的职权，其中职权最大的行业组织是工商行业协会，其次是手工业协会。德国《职业教育法》明确规定：每个行业协会都应设立一个职业教育委员会，作为职业教育的专业管理机构，每个职教委员会由雇主、雇员、职业学校教师代表各6名组成，负责制定国家法律规定以外的职业教育规章制度、管理学徒考试等。可见，德国的行业组织在职业教育发展中处于举足轻重的地位。德国的行业组织在职业教育中发挥着重要的指导作用。行业组织的一项重要职能是对承担职业教育工作的企业进行教育资格和质量评估、认证。认证的内容包括：企业主本人的素质是否符合要求，如企业主的人品和专业素养；企业举办培训活动的物质条件，如必备的培训场所和培训设备等是否达到相关规定的要求。

德国职业教育与培训的一个明显特色就是实行"双元制"。"双元制"是按照行业标准，由招收学徒的企业和职业学校共同培训学生，并以企业培训为主的一种职教模式。行业组织负责指导和管理校企的职业教育与培训，如审查管理合同、确定培训时间、修订审批期限、定期检查合同执行情况等，他们特别关注学徒的工资、工作时间和假期。可以说，行业组织的管理职责履行是德国"双元制"职业教育与培训正常运行的关键一环。

德国行业协会负责组织学徒考试和职业资格的认证工作。按照德国法律规定，行业组织负责组织国家承认的职业培训结业考试。结业考试由行业组织任命的考试委员会统一组织。结业考试的目的有两个方面，一方面是评定学徒的学习成绩，另一方面是确定学徒今后能否胜任他们所选择的职业或工作。结业考试是一种"三证合一"的考试，即通过考试，学徒可获得考试证书、培训合格证书和职业学校的毕业证书。这种由企业和学校承担教学、

行业组织负责考证的制度，即教学、考证分离的制度，能够保证学生的专业水平符合企业的要求。

德国行业组织密切关注着产业结构调整和岗位需求变化等情况，并根据相应的变化及时调整行业的教育政策。这也促进了政府、企业和职业学校之间的合作，减少了资源浪费，提高了职业教育与培训的质量。德国行业组织的职责还包括仲裁企业和学校之间的培训纠纷，接受企业和职业学校就培训问题所进行的相关咨询，并调节学校与企业在教学安排上的矛盾，与教育主管部门沟通职教信息等。

（二）澳大利亚行业组织的指导作用

澳大利亚的职业教育和培训，从联邦政府、州或领地政府、地方政府到技术与职业教育学院四个层面都与行业有着紧密的联系，并且建立了相应的行业组织。联邦政府依法设立了国家培训局，负责管理全国的职业教育和培训。在国家培训局的协调下，政府共设立了21个全国性的行业咨询组织，协助国家培训局开展工作；各州和地方政府也都设有各种行业组织，负责协调政府、职业学校和企业之间的关系。技术与职业教育学院和培训机构设有董事会和行业咨询委员会，负责学校与企业之间的联系，确定办学方向和制定相关培训政策等。行业组织的代表以行业从业人员为主，如国家培训局7名主要人员中有5名来自行业内，这些人员一般都是本行业声誉较高、实践经验丰富的专家，他们代表本行业参与职业教育的管理和决策。

澳大利亚行业组织在职业教育中发挥着重要的指导作用，行业组织参与职业教育与培训机构的认证工作。澳大利亚政府规定，所有的公立或私立培训机构都必须获得注册与认证，以达到国家规定的统一标准。有相当一部分的行业组织参与了这个统一标准的制定，标准涉及学校管理、教学资源、教学设备与资金运转等方面。

澳大利亚各级行业咨询委员会和学校管理委员会都参与了职业教育与培训的决策和管理，如国家培训局参与制定职业教育培训政策，负责管理资金和监督计划执行情况等；行业咨询委员会担负调查职业教育发展趋势的工作，并且就培训问题向国家培训局和政府有关部门提出意见等。澳大利亚各类职业能力标准皆出自行业组织，行业组织参与制定职业能力标准和统一的国家资格认定制度。行业组织根据全国统一的国家认可标准，研究制定本行业技能认证的具体标准，每个行业的职业教育都包括三个方面的内容：能力标准、资格证书和考核指南。

第二节　企业在校企合作中的地位和作用

推动企业参与校企合作教育，关键在于能否让企业从校企合作中享受到实惠，能否给企业带来相应的经济利益。企业参与校企合作，能否获得相应的税收减免或财政补贴，企业能否从校企合作中获得新的科研成果，这也是企业能否为学校的实践教学活动提供平台的关键所在。

一、企业的地位和作用

（一）企业在校企合作中的地位

企业参与校企合作教育的目的主要有两个：一是履行现代企业应尽的社会责任；二是成为产教结合、校企合作的直接受益者。

在校企合作中，企业的利益主要体现在两个方面：直接利益和补偿性利益。直接利益，即企业通过参与人才培养，把企业对人才的要求直接反映到教学计划中，反映到人才培养的过程中，从而培养企业需要的人才。人才是校企合作的动力和核心，企业参与校企合作是以获得企业满意的人才为出发点的。补偿性利益是指，企业希望通过参与校企合作在新产品的开发、技术改造、人员培训和科技咨询等方面得到高等学校的支持，企业参与校企合作教育更多的是要获得科技服务等补偿性利益。这也是目前很多企业积极参与校企合作的一个重要的因素。

（二）企业的作用

互惠互利原则是校企合作应遵循的基本原则，也是企业参与校企合作的重要动力。在校企合作中，企业通过以下方式发挥着其作用。

1. 实现资源的有效利用

应用型人才的培养，不能仅通过课堂教学来完成，还应该充分发挥实验室的作用。尽管各所高职院校为改善学生的实习环境，解决学生的实习困难等问题，加大了教育资源的投入力度，各高职院校纷纷建立了各类校内实习、实训基地，这些基地在人才培养中发挥了重要的作用。但很多校内基地面临着后续设备更新与改造的困难，所需经费较多，学校难以承担。而纯消耗型的实习、实训存在的问题很多，除了经费问题之外，也存在学生缺乏实践锻炼等问题。通过企业参与校企合作来实现资源共享，可以使高校大大节约因更新和改造各种仪器设备所产生的费用，从而降低人才培养的成本。更重要的是企业参与校企合作会给高校人才提供贴近工作实际的实习环境，这一点是任何模拟实验室都难以替代的。

2. 获得相应的利益

如前文所述，企业参与校企合作教育的目的不仅是培养人才，更多的是希望在新产品的开发、技术改造、人员培训和科技咨询等方面得到高职院校的大力支持。而高职院校为实现人才培养、科学研究和社会服务三大职能，也积极开展校企合作，使企业在校企合作中获得更多的利益。

3. 履行企业的社会责任

企业的社会责任是指企业在创造利润、对股东承担法律责任的同时，还要承担对员工、消费者、社区和环境等多种的社会责任。企业的社会责任要求企业必须转变把利润作为唯一目标的传统经营理念，强调企业在生产过程中对人的价值的关注，强调企业对社会的贡献。企业通过各种方式参与校企合作，是企业履行社会责任的重要表现之一。

（三）需要解决的问题

企业要参与校企合作就必须投入相应的人力、物力、财力，但由于职业教育投入周期长、见效慢，企业往往有很大的压力，所以很多企业认为参与学校教育只会增加经营成本，很难获得收益，这一想法影响了企业参与校企合作的热情。

1. 企业需转变对校企合作的看法

企业参与校企合作，是现代企业应当履行的社会责任。从长期来看，在校企合作中，企业是产教结合、校企合作的直接受益者。

2. 高校需提升服务社会的能力

增强高职院校的科学研究实力是促进企业参与高职教育人才培养的重要方法。通过技术攻关、新产品开发等科研合作，促进人才培养的合作是目前很多高等学校较为成功的做法。高职院校具备科研的基础条件，无论是研发设施还是研发人员均比企业优越。而且高职院校素来有进行科研的责任，也有很多科研成果。高职院校可以通过校企合作，将科研成果转化为经济效益，企业也可以通过引进高校的科研成果，提升产品的竞争力。

二、我国校企合作的实例

广东温氏食品集团有限公司（以下简称温氏集团）创立于1993年，是一家以养鸡业、养猪业为主导，兼营食品加工和生物制药的跨行业、跨地区发展的大型畜牧企业，是国家农业产业化重点龙头企业和国家火炬计划重点高新技术企业。目前，已在全国20个省、市、自治区、直辖市建成110多家一体化公司。华南农业大学是广东省和农业部共建的"211工程"大学，至今已有百年的办学历史。该校学科门类齐全，科研实力雄厚。近20年来，双方在畜牧、兽医技术、计算机信息管理、农业经济管理等领域紧密合作、优势互补，成功探索出一条"产、学、研"联合发展的道路，取得了十分显著的经济效益和社会效益。

华南农业大学与温氏集团双方本着"优势互补、精诚合作、平等互利、成果共享"的原则开展了长达近20年的"产学研"合作。通过校企合作，该校解决了教学工作脱离生产实际、科技成果转化率低、与市场结合不紧密等问题。通过校企合作，华南农业大学把教学科研、人才培养和社会服务有机地统一起来，促进了学校各项事业的全面发展。同时，温氏集团也通过与华南农业大学的合作，使企业在关键技术上有所创新。

温氏集团成为华南农业大学规模最大的省级教学科研基地。温氏集团为华南农业大学培养人才提供了广阔的空间和良好的条件。温氏集团在总部建设了华农楼，为在温氏集团实习和锻炼的师生提供食宿，创造了良好的工作生活条件，并在华南农业大学捐赠建成了动物科技楼、图书室，设立了温氏奖学金。此外，温氏集团目前建有现代化的肉鸡、种鸡试验场、试验肉鸡室、试验肉猪室、现代化孵化室、GMP车间和P3实验室，以及饲料质检中心、生物工程中心、疫苗质检中心、生物制品研究室、信息中心等。这些场、室、中心设施齐全，设备先进，既是"产学研"合作项目的载体，也是华南农业大学的教学科研基地。这些先进设备，在开展科技攻关和人才培养中发挥了积极的作用。目前，华南农业大学有十多位教师长期在温氏集团工作，这支由高学历、高职称的人才组成的队伍结合自己的教学实际，在企业开展科技创新活动，指导本科生的实习及研究生的实验及科研工作。每年都有数十个乃至上百个不同专业的学生在温氏集团实习与就业。温氏集团成了许多教师进行教学科研的依托，同时也是学生进行实践和锻炼的最佳场所。

华南农业大学成为温氏集团的主要技术和人才供给中心。当"产学研"合作模式促使企业的技术创新步入快速发展期以后，温氏集团紧紧依靠华南农业大学的技术力量，将"产学研"合作深入到企业的产品开发、关键技术研究、市场开拓以及经营管理等各个环节，建立了一整套的科学研发系统，从育种制种、饲料供给、禽畜保健、养殖技术推广、生物工程技术开发到禽舍设计、产品加工、市场开拓等十大体系，促进了养禽业、养猪业和奶业的产业化大生产、大流通、大市场。在华南农业大学的协助和支持下，温氏集团先后申请组建了工程技术中心、农创中心、企业技术中心、博士后科研工作站、企业研究院等多个省级研究开发机构，大大增强了企业汇集行业高素质人才、开展高水平研究工作的能力。这些研究机构协助温氏集团决策层，全面推进企业核心能力的建设，提升了集团的自主创新能力、整合内外资源的能力，以及适应市场变化的能力，促进集团的技术开发、生产扩大、市场开拓等各部门的互动。

温氏集团成为华南农业大学科技成果转化及推广的重要载体。企业与学校联合申报国家和省部级重大科研课题，向华南农业大学提供科研经费，双方合作开展研究，解决产业化过程中出现的一些重大技术难题。自 1999 年以来，双方共同承担了国家重点攻关项目、国家科技攻关项目、"863"计划项目、省科技攻关重大项目等十余个重点项目；双方精诚合作，优势互补，实现了高校"人才、技术、信息"与企业"资金、基地"等资源的有效整合，华南农业大学的科技成果通过温氏集团迅速转化为生产力，实现了"产、供、销"一条龙，以及"科、工、贸"一体化的农业产业化经营模式，创造了"公司＋高校＋基地＋农户"的农业科技成果转化模式。

第三节　学校的主体地位与作用

学校积极推动校企合作的目的是培养社会需要的合格人才，推进学校的教育教学改革工作。由于校企合作是为了实现"育人"的目标，因此，学校在校企合作教育中居主体地位。

一、学校的主体地位和作用

（一）学校的主体地位

培养社会需要的、合格的毕业生是高职院校服务于社会的一项重要职责。在校企合作中，高职院校居于主体地位，是校企合作的积极倡导者和实践者，特别是对于培养应用型人才的学校而言。为了实现培养应用型人才的目标，开展合作教育、进行校企合作是学校培养合格人才的必经之路。

我国的高职院校已普遍认识到校企合作在应用型人才培养中的重要性，在实践中进行了大胆的尝试，并取得了成功的经验，享受到了校企合作所带来的双赢的成果。当前，我国校企合作仍处于不断探索的阶段，学校与企业间的深度合作有待进一步加强。在我国校企合作教育上取得了显著成果的高职院校，一般实行的是以学校为主体的董事会制度或校企合作委员会制度。

1. 以学校为主体的董事会制度

学校董事会吸引企业第一线的资深行业专家、社会知名人士、商界代表等以董事的身份参与到高职教育中来，以加强学校与社会、企业的沟通与联系。为使董事会成员关心学校的建设，激发他们投身教育的积极性，学校通过定期召开董事会会议和不定期召开常务董事会议的方式，让他们听取学校的工作报告，让他们提出对学校建设和发展的意见。

除了通过董事会促使企业参与校企合作之外，学校也可以通过设立兼职联络员或协调员等方式，促进高职院校与企业的沟通。联络员可以由具有相关工作经历的人来承担，其职责是就学校的基本情况，包括毕业生情况、专业设置、所设课程以及科研项目等情况，与企业进行经常性地交流，为企业提供可供合作的信息，同时向学校反馈企业的相关信息及合作意向。

2. 以学校为主体的校企合作委员会

很多高职院校为推动校企合作建立了校企合作委员会。学校与科研院所、企业组成的校企合作委员会已成为国家和区域创新体系中重要的组成部分之一，对推动国家和区域技术创新具有重要的战略意义。

（二）学校的作用

学校在校企合作中发挥着积极的作用。但是，由于人才培养的标准不同、在创新型战略体系中所处的位置不同、实现职能的侧重点不同。因此，研究型大学、应用型高校与高等职业院校在开展校企合作时，也有各自不同的方式。研究型大学为了使其科研成果服务于社会，多开展以科研为主要目标的校企合作；应用型大学以培养应用型人才为目标，多开展以教育为主要目标的校企合作；高等职业学校以职业教育为基础，多开展技能培训为目标的校企合作。

近几年来，众多应用型高等学校积极开展产学合作教育，积极开展以教学、科研与服务相结合为目的的校企合作。如选派教师走出学校，即学校的教师和研究人员在企业中进行脱产挂职或者利用业余时间在企业兼职，为企业提供咨询服务；教师把在实际工作中获得的知识带回课堂，课程会因为加入了现实中的例子变得更加生动。这样既能促进教学与实践的结合，同时还能为学术研究拓展新的研究方向。如将企业需要带进学校，即教师根据所服务企业的需要安排学生完成毕业设计。毕业设计必须解决实际生产中的问题。毕业设计包括从选题到完成样机、样品的全过程，以保证设计成果的可行性，保证从设计到工艺的一致性，对培养学生的独立工作能力，使之成为应用型工程师有着非常积极的作用。

（三）需要解决的问题

1. 与企业合作开展的实习、实训不能满足高校人才培养的要求

学生在企业进行实习的时间较短，实习、实训的时间安排不够合理。例如，德国应用科技大学的第一个实习期安排在第三学期，这样的安排可以使学生在理论学习的基础上，得以提高自身的动手能力，同时，可以让学生对职业有一定的了解，进行初步的职业规划。第二个实习期安排在第七或第八学期进行，实习要求是学生到企业从事本专业工程技术人员的工作，并进行毕业设计。而目前国内的普通高等学校很难做到这点，实习内容以参观为主，学生很少能得到动手操作的机会。虽然学校非常重视生产实习，学生也非常希望获得实际工作的经验，但是很多企业不愿意提供专门的技术人员和生产设备，不愿意安排实习生进行生产性的操作。由于我国的合作企业对学生的实践能力的培养并不承担义务，因此，学校只能退而求其次，通过在学校建立工程中心或者建立仿真环境下的模拟实验室的方式，为学生提供动手实践的机会。

企业很少提供劳务报酬。由于学生到企业实习很少能够在生产第一线进行生产性操作，没有机会为企业创造价值。因此，企业很少会付报酬给实习学生。相反，由于影响了企业的正常生产秩序，学校反而要向企业支付实习费用。因此，这种实习没能实现教学与服务相结合的教学目标。

2. 毕业设计（论文）与企业需求的结合有待加强

就毕业设计（论文）与企业需求的结合而言，工科类专业具有先天的优势，而经管类专业在这一方面则处于劣势。但即使在工科类专业的毕业设计论文中，来自企业的毕业设计选题也往往很少在企业中得到实际应用。指导教师和企业往往认为毕业生的技术水平有限，其毕业设计还达不到用于企业实际生产环节的水平。一些教师只是通过与企业的关系，了解到企业急需解决的技术问题，挑选出认为适合该专业学生研究的问题，分解成毕业设计的选题，指导学生完成。学生完成的毕业设计并未真正被企业所采用。指导教师认为，理想的毕业设计（论文）状况，也只是学生的设计中有一些灵感可以供企业借鉴。这种毕业设计显然不能达到教学、科研与服务相结合的目的。

完成毕业设计（论文）的地点基本是在学校，而非企业。国内普通高等院校由于实习时间有限，学生也只能搜集相关资料，且最后的毕业设计以及制作还是要回到学校的实验

室。即使是来自企业的毕业设计选题，其完成地点也大多是在学校的实训中心。

3. 鼓励教师参与企业实践的机制尚未建立

虽然很多高等院校大都希望教师能够参与企业的实践工作，但是学校管理者对于教师将部分工作时间用于企业咨询服务存在顾虑，口头上的鼓励和制度上的限制成为一种矛盾，阻碍了教师的企业实践。这种顾虑在20世纪早期的美国也广泛存在，并引起了很大的争议。尽管我国很多学校的领导已经认识到教师兼职有利于实践教学，但是学校的行政管理部门还是担心这种现象会导致学校的管理混乱。

二、以学校为主体进行校企合作的实例

大连理工大学与企业的合作始于改革开放初期，经历了校企科研项目合作、创建校企合作委员会平台、开创校企合作研究院等阶段，现已形成了多种平台、多种模式共存发展的态势。

项目合作是最早的校企合作模式，也是较为常用的"产学研"合作模式。20世纪80年代，受当时整体科技环境的制约，校企主要就单个科研项目展开合作。简而言之，就是企业遇到技术难题，学校帮助解决；学校有了成果，到企业中去转化。这种合作往往是阶段性的，项目完成，合作也就告一段落。

随着合作的不断深入，企业和学校都发现了彼此的需求。2000年，大连理工大学分别与省内25家大中型企业及大连市20家企业联合成立了"大连理工大学（辽宁）校企合作委员会"和"大连理工大学（大连）校企合作委员会"。校企合作委员会成员单位希望借助学校技术力量进一步提升企业的科研攻关能力，主动与大连理工大学联合建立国家级企业技术分中心。企业技术中心每年定期向分中心下达年度研发任务，同时分中心与企业联合申报和承担各类计划项目。这种合作模式，使校企在整合企业与院校技术力量方面的发展向前迈进了一大步，也为校企合作研究模式的启动奠定了基础。为了进一步把"产学研"合作向纵深推进，大连理工大学同合作比较密切的几家企业在既有合作的基础上，经过精心策划共建了"校企合作研究院"。沈阳鼓风机集团股份有限公司（以下简称沈鼓集团）、辽河石油勘探局的研发机构入驻校园，在学校建立"研究特区"，开创了一种比较有效的紧密型合作创新模式，并成立了"沈鼓一大工"研究院和"辽油一大工"研究院。

沈鼓集团一直注重通过"产学研"合作途径完成先进技术的创新，采取设置分中心的方式同大连理工大学进行了多项科研合作。2005年，在沈鼓集团的提议下，双方决定将合作再深化一步，设置"沈鼓一大工"研究院，在大连理工大学设立了600余平方米的办公场所。第一批大连理工大学教授、海内外相关专家及沈鼓研发人员30多人进驻研究院，其中大连理工大学教授4人、海内外引进专家2人，另有相关研究团队十余人，且所有聘任专家均须完成驻厂一个半月的企业实地考察与锻炼。研究院投入120多万元用于办公环境、食宿环境建设，并购置一流的办公与实验仪器设备，投入项目启动研发费500多万元，

已启动大型高速压缩机转子试验系统及气固耦合振动等14项科研课题的研究工作。其中，为中石化配套生产的"年产百万吨乙烯装置压缩机"的设计方案，一次性通过有关部门审批立项（研究院承担其中4项核心技术攻关），受到褒奖。这一立项的通过，标志着沈鼓集团在大型压缩机装置研制领域取得了质的飞跃，使我国成为继美、日之后拥有该领域自主核心技术的第三个国家。

沈鼓集团之所以采取研究院这种合作方式，是因为大型压缩机装置的研发需要有基础研究成果的支撑，并且该研发涉及流体力学、叶轮机械气体动力学、计算燃烧学、动力机械、流体机械等多个学科领域。要把握市场机遇，沈鼓集团必须将现有的技术进行全面升级。沈鼓集团作为企业，擅长制造机器，但要开展跨学科领域的基础研究则能力不足。"企业的技术人员更主要的是面对生产设计，没有精力和环境去搞基础研究。"沈鼓集团也曾以"产学研"项目合作或者其他方式进行过技术攻关，除了技术保密问题以外，由于科研人员不属于沈鼓集团，因此，沈鼓集团对他们投入科研的精力以及技术攻关的进度都没有把握。

辽河石油勘探局是中国石油天然气集团公司下属的骨干企业之一。该企业成立后，围绕工程技术服务、加工制造、能源开发与综合利用、服务贸易四大板块主营业务，进行了产业链的迅速延伸和拓宽，企业发展空间得到了极大拓展。为了进一步提升企业的技术能力，辽河石油勘探局于2006年3月与大连理工大学联合成立了"辽油一大工"研究院（机构和财务独立运行）。"辽油一大工"研究院设置在大连理工大学科技园内，该科技园购置了一流实验仪器设备。首批共聘任大连理工大学教授和辽河石油勘探局研发人员30多人进驻研究院，其中大连理工大学派出的教师有10余人，学校科技处还专门派出科技处副处长协助开展工作。研究院先后启动成品油船设计制造技术与研究、电动修井机研制、海上自升式钻井平台、烟道气回收利用采油配套技术研究、修造船基地工程技术研究、小型LNG配套技术研究等6项产业化项目。其中，"辽油一大工"研究院申请的"电动作业机制造"项目获省科技厅"产学研"专项经费支持；研究院完成的5万吨载重成品油船的主体设计通过了国内19位专家组成的评审组的审定，这是国内第一个通过主体设计的船舶。烟道气回收利用采油配套相关关技术在世界权威的石油学术杂志—美国《世界石油》组织的2006年"世界石油奖"评选活动中，荣获"最佳开采技术奖"。

校企合作研究院成立之前，沈阳鼓风机集团股份有限公司、辽河石油勘探局就和大连理工大学有过科研项目的合作。在早期的合作中，各方之间都不是很了解，合作也是由于一些偶然因素促成的。随着项目的顺利进行，校企双方有了初步的了解；随着合作项目的增多，校企双方对彼此的了解更加深入，并建立起相互信任的合作机制。当有项目需要进行合作时，企业自然就会选择自己了解的、信任的合作伙伴。采用紧密式的合作模式，要求合作双方必须具有一定的界面管理经验。大连理工大学先后与国内诸多大中型企业开展了技术合作，在国内率先成立了校企合作委员会。通过校企合作平台，建立了8个国家级企业技术中心、两个高层次研究院，在多年的"产学研"合作中，积累了较为丰富的界面管理经验。

　　校企合作研究院从形式上看，类似升级后的技术分中心，但是二者在运作机制上具有较大不同。研究院采用彻底的企业化研发模式对校企合作研究院进行管理，且有独立的运营、预算管理体系。科研经费虽主要由企业投入（沈鼓集团每年投入不低于 2000 万元、辽河石油勘探局每年投入不低于 3000 万元），但是大连理工大学也同样需要进行大量的人、财、物投入。科研人员由双方派出，新聘任人员需得到校企双方的认可。研究院模式所提倡的价值核心理念是为企业做出贡献，由企业决定研发方向，研发技术成果直接产业化，技术成果归企业所有。

第四章 "校企共育能力递增"人才培养模式

高职院校的人才培养模式改革是促进技能型人才培养质量提高的重要驱动力。一种人才培养模式的构建，既需要符合高职院校自身的产业发展实际，又需要在专业人才培养的实践中加以完善。本章在借鉴高职教育理论研究的基础上，针对涪陵的区位特点和地方区域产业发展状况，以具有区域特色、校本特色和专业特色的"校企共育能力递增"人才培养模式为主，进行了"校企共育能力递增"人才培养模式探究。

第一节 "校企共育能力递增"人才培养模式概述

一、"校企共育能力递增"人才培养模式的基本内涵

人才培养模式是以教育理论和人才培养思想为指导的，并在人才培养实践中得到检验的，关于人才培养的结构框架。人才培养模式涵盖了人才培养目标，以及人才培养目标的要求等内容。其基本构成要素主要体现在课程体系、教学内容、师资队伍、培养过程、教学模式、能力评价等几个方面。

"校企共育能力递增"人才培养模式是以实用主义教育理论和建构主义学习理论为指导的一种高职人才培养模式。其基本内涵包括以下几个方面：

第一，"校企共育"是指基于"订单式"校企合作，由高职院校与用人企业共同开展的，针对企业人才培养的一种教育方式，是实现学校对人才的培养与企业对人才的需求相对接的有效措施与手段。"校企共育"体现的是"七共"，即学校与合作企业共同组建校企共育组织、共同研制人才培养方案、共同开发课程与教材、共同建设师资队伍、共同建设实践教学基地、共同实施培养过程和共同评价学生职业能力。实施校企共育的目的是推进教育教学改革，为区域产业和企业培养"下得去、留得住、用得上"的技能型人才，以有效提升技能型人才的培养质量。

第二，"能力递增"是指学生的职业能力，即从职业基本能力到职业核心能力，再到职业拓展能力的递增，而且这种能力的递增以学生参与检验性职业资格考核与鉴定，并获取中级、高级的职业资格为目标。以机电一体化技术专业为例，其职业基本能力主要包括正确选择和使用工、夹、量等工具的能力，机械零件测绘能力，识读机械、电气工程图纸

的能力，计算机绘图能力，普通机床和数控机床编程与操作的能力，机电一体化设备操作能力等；其职业核心能力主要包括典型机电设备的安装、调试能力，机电设备故障诊断与维修能力，典型自动化生产线安装、调试能力，电气控制线路安装与调试能力，控制技术应用能力，调试控制程序和针对常用工控设备进行程序设计的能力等；其职业拓展能力主要包括自动化控制系统编程与调试能力、自动化生产线故障诊断与维修能力、数控加工设备的维修能力、车间生产组织与管理能力、机电产品营销能力等。

第三，"能力递增"是以"校企共育"为基本保障的。"校企共育"是人才培养的措施与手段，"能力递增"是人才培养的目标与结果。校企共育的实施重点是保证"订单式"人才职业核心能力的培养，以确保人才培养与人才需求的对接。

在具体企业的"订单式"人才培养中，职业核心能力培养会有所侧重。校企双方在培养"订单式"人才的职业核心能力时，如果没有将合作企业的生产设备作为教学资源加以利用，没有合作企业的技术专家、一线技术人员的真实参与，就很难达成"订单式"人才培养的目标，更不可能实现"订单式"人才的职业能力按照订单合作企业的要求递增的培养目标。

"校企共育能力递增"人才培养模式运行框架，如图4.1所示。

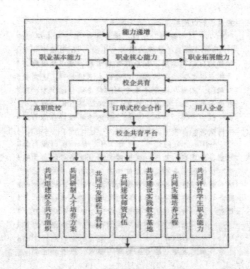

图 4-1 "校企共育能力递增"模式运行框架图

由此可见，"校企共育能力递增"人才培养模式是以"订单式"校企合作为基础的，由高职院校与用人企业共同开展的，以促进企业"订单式"人才对接性职业能力的递进式增长为目标的一种高职人才培养模式。这种人才培养模式具有区域性、对接性、实践性等特征。

二、"校企共育能力递增"人才培养模式的构成要素

由上述分析可知，人才培养模式的基本构成要素主要体现在课程体系、教学内容、师

资队伍、培养过程、教学模式以及能力评价等几个方面。"校企共育能力递增"人才培养模式的基本构成要素的显著特点在于其具有"共育性"。

（一）共育性课程体系

共育性课程体系是以"订单式"校企合作为基础，由学校与合作企业根据企业用人岗位的职业能力需求共同构建的课程体系。在课程体系构建中，由企业专家与学校骨干教师组成的校企共育组织的成员进入订单合作企业，开展企业员工工作能力调研工作，并提炼典型工作任务及其能力要求等信息，设置相应的课程、完善课程体系，以满足企业对"订单式"人才的知识、能力和素质需求。在共育性课程体系中，构建课程体系十分关键，因为它直接关系到高职院校人才培养与人才需求能否实现能力上的对接。

（二）共育性教学内容

共育性教学内容是指为满足企业的"订单式"人才培养需求，校企共育组织成员在构建共育性课程体系的基础上，通过认真地研究和选择后，确定的以合作企业的典型工作任务为主的教学内容。在共育性教学内容中，职业核心能力培养是需要重点考虑的一个方面。职业核心能力培养既包括理论教学内容，又包括实践教学内容；既包括在校内实施的教学内容，也包括在企业实施的教学内容。

（三）共育性师资队伍

共育性师资队伍是由学校与合作企业共同组建的师资队伍，是由学校的骨干教师与订单合作企业的技术专家、一线企业员工共同组成的双师型、高素质队伍。高职院校如果想让这支队伍在人才培养过程中发挥不可替代的作用，就必须让他们同时接受学校与订单合作企业的培养。具体来讲，由企业面向学校专职教师开展实践技能培养工作，由学校面向企业兼职教师开展教学技能培养工作。这样，学校和企业才能达成共同建设"双师"型教师队伍的目标。

（四）共育性培养过程

共育性培养过程是指在企业"订单式"人才培养中，由共育性师资队伍利用学校和订单合作企业的双边教学资源进行人才培养的过程。在人才共育中，学校教师和企业教师按照校企共育组织确定的分工要求，共同承担教学任务。同一教师承担的教学任务既有理论教学任务，又有实践教学任务；同一教师的教学地点可以在校内，也可以在企业，还可以在学校和企业之间交叉进行。实施人才共育模式，能够有效保证企业"订单式"人才培养的质量。

（五）共育性教学模式

在共育"订单式"人才的职业核心能力的过程中，高职院校教师采用的是工学交替、"教学做"一体化等教学模式。由于"订单式"人才培养中的职业核心能力培养课程是由校企双方按照企业的岗位能力需求确定的，因此，职业核心能力的培养责任需要学校教师与企业员工共同承担。工学交替,即学校的教学活动(包括理论课和实训课)与企业的顶岗实践交替进行的教学模式,工学交替的教学模式以培养学生职业核心能力所需的知识与技能为目标。其中,教师和企业员工分别承担学校和企业两个教学场所的教学任务。"教、学、做"一体化是指在培养学生的职业核心能力的过程中,教师采用边教、边学、边实践的教学模式。在教学过程中,"教、学、做"一体化可以有多种实现方式,如让"教、学、做"一体化在学校进行、在企业内进行,或者在学校与企业之间交替进行,承担"教、学、做"一体化教学任务的教师,也由学校教师和企业员工担任。也就是说,"订单式"人才培养中的教学模式充分体现了校企共育的特征。

(六)共育性评价

共育性评价是针对接受校企共育的"订单式"人才的职业能力所开展的评价。能力评价既包括学生在学校学习过程中的评价,又包括学生在企业的顶岗实习过程中的评价。

三、"校企共育能力递增"人才培养模式的实施原则

"校企共育能力递增"人才培养模式的实施需要遵循一定的原则,这样才能确保该模式的实施效果符合学校与用人企业的双边需求,即提高人才培养与人才需求的契合度。实施"校企共育能力递增"人才培养模式,必须坚持以下六个方面的原则:

(一)互利共赢原则

互利共赢原则是指在"校企共育能力递增"人才培养模式的实施过程中,需要营造学校和企业的双赢局面,让"校企共育"成为提高人才培养质量和针对区域产业、企业培养技能型人才的有效途径。高职院校要想实现校企双方互利共赢的目标,学校的人才培养模式必须与区域产业、企业的人才需求相对接,尤其要将学生的职业能力培养与产业、企业职业岗位的能力需求相对接,因为这是校企双方的共同愿望和目标。人才培养与人才需求的对接,尤其是能力培养与能力需求的对接,需要以合作企业的深度参与作为保证。如果高职院校不是为合作企业培养人才,那么企业在校企共育中的参与度自然会大打折扣,校企共育就会有名无实,更谈不上校企双方的互利共赢。因此,"校企共育能力递增"人才培养模式的实施必须有针对性。校企双方可以充分利用高校和企业的不同教育环境和教育资源,为合作双方的发展注入新的活力,带来新的发展机遇,产生"1+1>2"的人才培养效用,并在"人才供需联合体"的形成中找到利益契合点,实现校企双方的互利共赢。在"校企共育能力递增"人才培养模式下,企业只要参与以"订单式"校企合作为基础的校企共育,合作企业的员工结构、员工素质结构等就有可能得到极大的改善,学校与合作企业均会成为校企共育的受益者。

(二)循序渐进原则

循序渐进原则是指以渐进的方式逐步推进"校企共育能力递增"人才培养模式实施的

原则,其中渐进的方式包括参与校企共育的订单合作企业的数量应由少到多,订单学生的数量应由少到多,校企共育的专业数量应由少到多,以及参与校企共育的产业园区等也应由少到多等。"校企共育能力递增"人才培养模式的实施不是一蹴而就的,而是需要高职院校在实践中进行不断地探索、总结和完善的。因此,高职院校"校企共育能力递增"人才培养模式的实施不能急于求成。在实施初期,高职院校应选择业绩优秀、前景好良的区域内的某个产业园区的某个企业作为"订单式"校企合作对象,并以某个专业的一个订单班为主进行校企共育试点。在试点合作中,高职院校需要以"合作办学、合作育人、合作就业、合作发展"为主线,建立校企共育人才培养机制,建立校企共育组织机构和与其相匹配的相关制度。校企共育试点应结合本校及本地区实际的校企合作探索经验。对于校企合作试点探索中的经验和教训,高职院校要坚持"对经验则应继承,对教训则应反思"的理念,以促进"校企共育能力递增"人才培养模式的不断成熟。当然,有了成功的经验后,高职院校则应抓住机遇,逐渐扩大校企共育试点园区、试点行业、试点企业、试点专业以及人才订单的规模,根据院校的服务方向,逐渐将校企共育的人才培养模式试点工作深入到区域产业经济的各个行业,形成区域性"人才供需联合体",营造区域性校企共育氛围。这样,可以使学校与区域经济实现同步发展。

(三)能力为本原则

能力为本原则是指在"校企共育能力递增"人才培养模式的实施过程中,校企双方必须将学生的职业发展和综合素质提高作为人才培养的出发点和归宿。其实,"能力为本"属于人才培养的理念范畴,是以促进学生职业能力提升和促进学生成功就业、高质量就业为宗旨的人才培养模式。从某种意义上讲,人才培养理念是实施学校人才培养策略的行为导向和理想支撑,先进的人才培养理念可以使高职院校形成与众不同的人才培养特色。基于"订单式"校企合作的"校企共育"人才培养,能够促进"校企共育能力递增"人才培养模式的建立,使学生的职业能力按照合作企业的需要进行培养,能够促进学生职业能力的培养与合作企业职业岗位能力需求的无缝对接,这本身是"能力为本"理念的具体体现。一种能够支撑高职院校可持续发展的人才培养理念必须是以"能力为本"的,这一人才培养理念是开展校企深度融合,实现"合作办学、合作育人、合作就业与合作发展",以及使高职院校形成自身人才培养特色的必然选择。

(四)双向参与原则

双向参与原则是指在"校企共育能力递增"人才培养模式的实施过程中,由学校与合作企业共同参与人才培养活动的各个环节,共同致力于提高人才培养质量的原则。"校企共育能力递增"人才培养模式是一种需要学校与合作企业共同参与的人才培养模式。如前面所述,通过"订单式"校企合作建立校企"人才供需联合体",让"校企共育"得到有效开展,这本身就是校企双方双向参与的"捆绑"行为。双向参与包含学校与合作企业共同组建、共育组织机构、共同开展岗位能力需求调研、共同制定人才培养方案、共同开发核心课程体系、共同制定课程标准、共同参与教材编写、共同派出教师参与教学、共同监督校企共育过程、共同开展学业评价和能力评价等内容。也就是说，高职院校应与订单合作企业共同参与人才培养的各个环节，应按照双向参与的原则实施人才培养策略，以保证校企人才对接和人才培养的质量。

（五）注重实践原则

注重实践原则是指在"校企共育能力递增"人才培养模式的实施过程中，要重点培养学生的动手能力，以学生的职业技能提升为原则。职业教育的一个显著特点就是具有"技能实训性"，高职院校需要对学生"进行专项技能的实训，从而突出职业教育与其他教育活动的显著不同"，"在人才培养目标上，职业教育人才培养模式更加强调职业针对性和实践性"。"订单式"校企合作能为"校企共育能力递增"人才培养模式的建立创造良好的技能实训条件，也符合突出人才培养的职业针对性和实践性的要求。在"校企共育能力递增"人才培养模式的实施过程中，除了学校提供的以专业实训场所为主的关联性实训外，订单合作企业必须提供有利于职业技能培养的生产性实训场地、设备、岗位等，这样才能符合校企共同培养人才的目标和要求，才能确保校企共育培养策略的顺利实施和学生职业能力的提高，才能更有针对性地提高人才培养的质量。

在"校企共育能力递增"人才培养模式的构建与实施过程中，"订单式"校企合作是基础，"校企共育"是人才培养质量提高的保障，学生的能力得到显著提高是校企共育追求的人才培养目标。因此，在"校企共育能力递增"人才培养模式的构建与实施过程中，校企双方只有建立校企共育合作机制，把握以上基本原则，坚持不懈，努力探索，才能使"校企共育能力递增"人才培养模式在提高人才培养质量和提高服务区域产业经济水平中发挥重要作用。

总之，"校企共育能力递增"模式是在教育理论指导下构建的。这种具有共育性特征的高职人才培养模式，符合当今技能型人才培养的要求，能有力地促进人才培养质量的提高。

第二节 服务区域的共育性课程体系

"以服务为宗旨，以就业为导向"是高职教育的办学方针。对于高等职业院校来说，如何有针对性地培养出合作企业所需的技能型人才，显得尤为关键。

一、结合区域产业特点准确定位专业培养目标

某校位于重庆市涪陵区，其服务面向涪陵区、三峡库区及渝东南地区（以下简称"三区"）。在国家加大对三峡库区产业发展支持力度的背景下，涪陵区的工业经济保持快速的增长态势，每年实现工业总产值增长 15% 左右。同时，在"三区"分布着大量的装备制

造企业、化工企业、材料企业、制药企业和最具地方特色的榨菜加工企业。该校通过调查发现,随着企业生产规模的扩大和生产自动化程度的提高,这些企业对机电一体化专业技术人才的需求量较大,对专业技术人员的能力要求较高。2012年,该校对"三区"102家企业各专业技能型人才需求调研情况来看,企业对机电一体化专业技术人才的需求人数占总需求人数的28%。同时,在机电一体化专业技术岗位群的人才需求中,机电设备的安装调试人才与维修岗位人才居首位,其次是机械加工人才。

据此,该校确定的机电一体化技术专业培养目标是:培养"三区"企业生产一线岗位需要的从事机械加工、机电设备安装、调试与维修,以及生产、组织、管理等岗位的人才,并培养具备一般机电一体化设备初级设计能力和发展型、复合型、创新型人才。

在与某公司开展的"订单式"校企合作中,该校通过对合作公司生产岗位的调研,进一步明确了机电一体化技术专业"共育订单班"的培养目标,即重点培养学生的自动化生产线安装、调试、维护、检修及操作、控制的能力。这对构建有针对性的人才培养共育性课程体系具有重要的意义,既为企业订单班人才培养方案的形成奠定了基础,也体现了"以能力为本位"的人才培养理念。

二、工作过程导向的共育性课程体系的构建

共育性课程体系是指由"订单式"校企合作的双方共同针对合作企业岗位的特点所构建的,以培养合作企业岗位所需的技能型人才为目标的课程体系。而工作过程导向则是指技术类课程的开发,是以合作企业中生产岗位人员的具体工作过程为依据的。高职院校在构建以工作过程为导向的共育性课程体系时,应该从合作企业的岗位分析入手,以面向企业的专家调研和毕业生跟踪调研为基础,按照"确定典型工作任务—归纳分析获得行动领域—转换学习领域—设计学习情境"的思路开发课程,构建以培养合作企业所需的技能型人才为目标的课程体系。当然,这种课程体系除了要体现以"共育订单班"学生的职业能力培养为主线外,还需要为学生在订单企业的就业和学生的职业发展奠定基础。

(一)调研与岗位分析

通过对包括合作公司在内的区域相关企业进行调研,相关调研人员发现机电一体化技术专业毕业生的就业岗位主要分布在机械制造、榨菜生产、药品生产、钣金扎制、水泥生产、化工生产等相关行业和企业。该专业毕业生主要从事机械加工、自动化生产线的安装调试与维护、生产管理及营销等工作。刚进入企业的毕业生一般在生产一线工作,工作3~5年后部分学生可进入班组管理层或从事技术性工作。同时,该校通过对机电一体化专业所面向的岗位群进行调研,相关调研人员发现,企业除了看重毕业生的实践动手能力,如自动化生产线的安装调试及维护能力、典型机电设备的安装与调试能力等外,还十分看重毕业生的职业道德等。

（二）共育性课程体系的构建

现代高职教育以培养发展型、复合型、创新型人才为目标，这就要求学生不仅要掌握专业知识和专业技能，还要具备一定的综合素质。所以，高职院校课程体系的构建不仅要考虑如何提升学生的专业技能，还要考虑如何提升学生的职业素养。

1.构建工作导向的课程体系，提升学生的职业素养

该校确定适合机电一体化专业毕业生的工作岗位有：

（1）机电产品生产、操作岗位；

（2）自动化生产线的安装、调试、操作、维护与管理岗位；

（3）机床加工操作岗位；

（4）其他工业生产过程的机电设备安装、调试与维修岗位。

通过对主要工作岗位的分析，该校明确了相关岗位的典型工作任务和机电一体化专业学生应建立的理论知识体系和实践技能体系，确定了机械零件识读、测量与绘制、机械零件选型与设计、电工工具及仪表使用等32项典型工作任务；进而将这些工作任务进行分析，将其转化为教学内容；最后形成了"机械设计基础""电工电子技术""现代电气控制技术""自动化生产线安装与调试""典型机电设备的安装与调试""数控加工与编程"等10门专业必修课程。这些课程的重点是提升学生的专业素养。

在上述校企共育订单班人才培养的课程体系构建中，为了加强对企业所需人才的职业核心能力的培养，校方加强了"自动生产线安装"课程的教学，并由校企双方结合订单合作公司自动生产线的实际情况，选择典型的工作任务，将其融入教学内容并编入教材。这样做不仅有利于校方培养学生对自动生产线的操作控制能力、安装调试能力，还有利于培养学生对发动机气门自动生产线的操作控制能力、安装能力、调试能力、维护能力、检修能力，从而能够满足企业对"订单式"人才的能力培养需求。

2.精心设计公共课程体系，培养可持续发展能力

高职院校要培养可持续发展的复合型、创新型技能人才。高职院校不能只注重专业课程的开发和教学工作，还要注重对学生的专业素养的培养，合理设计公共基础课程体系。根据高职机电一体化专业对英语通用能力和英语资料查阅、检索能力的要求，专业课程对数学能力、计算机应用能力的要求，对应用文写作能力、身体素质等方面的要求，该校设计了大学英语、专业英语、应用文写作、职业道德、高等数学、计算机应用基础、毛泽东思想和中国特色社会主义理论体系概论、思想道德修养与法律基础等公共基础课程，以满足校企双方的人才培养需求。在建立必要的公共课程体系的基础上，为全面提升学生的综合素质，拓展学生的知识面，更好地适应社会的发展需求，该校还设计了以通识教育为主的经济、管理、哲学与社会科学、文学、历史等公共选修课程，学生可以根据自身发展需要选修10学分的公共选修课。

3. 设计职业拓展能力培养课程体系, 拓宽毕业生的工作岗位适应面

为了拓宽学生的知识面, 拓宽学生的就业范围, 提高学生的专业素养, 高职院校应根据毕业生跟踪调研和企业调研的情况, 充分研究该专业学生的就业情况, 科学地设计有助于学生进行专业能力拓展的课程体系。专业拓展课程体系的设计应从与该专业处于同一大类的相近专业的课程设置入手。在校企共育订单班的人才培养中, 设置职业拓展能力培养课程也是必要的, 因为校企双方不仅要考虑毕业生在合作企业的发展需求, 还要考虑毕业生的职业发展需求。

三、以工作过程导向课程体系为基础的教学活动

按照高职院校与订单式合作企业的合作培养方案, 这里以机电一体化专业为例, 对该专业 "共育订单班" 学生的能力培养, 将主要采用 "校企共育能力递增" 的人才培养模式。由于人才培养工作的重心在于教学过程, 人才培养活动的共育性需要通过教学活动的共育性予以体现。因此, 在开展共育性教学活动的过程中, 企业技术专家、一线岗位技能专家等, 应作为共育班级的兼职教师, 与学校的教师组成教学工作团队, 在学校和企业两地开展理论课程和实践课程的教学工作, 并利用学校与企业双方的教学资源共同培养学生的实践能力。在组织和开展教学活动的过程中, 教师可分别采用 "教、学、做" 一体化 "生产性实训" "企业顶岗实习" 等教学模式, 或采用三种模式交叉的教学方法, 并采取灵活多样的顶岗实习方式。在以往的课程体系下, 学校通常在第 6 学期才安排学生集中到企业参加顶岗实习。在以工作过程为导向的课程体系的基础上, 高职院校应将工学交替的生产实习、顶岗实习提前, 从大二开始便安排学生集中实习。而在大三第 6 学期的前半期, 高职院校则应安排学生回校进行理论与技能的深化学习, 并检验学生的能力培养目标的达成情况; 第 6 学期的后半期至毕业, 学校则应安排学生集中赴企业顶岗实习。这种课程体系下, 由于学生提前熟悉了合作企业的职业岗位对他们的能力与素质要求, 同时又具有了一定的职业经历与岗位经验。因此, 他们回校后的技术课程学习和实践能力锻炼会显得得心应手。同时, 高职院校还应将职业资格标准融入课程标准, 实行双证书制, 即要求学生在取得毕业证的同时, 取得相关工种的中级、高级职业资格证书, 将双证书作为学生职业能力提升的量化目标, 这也是合作企业录用毕业生的重要依据。当然, 在提升学生的专业素养的同时, 高职院校还注重对学生的职业道德和创新能力的培养。

总之, 构建以工作过程为导向的符合区域产业特点的课程体系, 尤其是专业核心课程体系, 有利于高职院校实现人才培养的目标, 并有利于高职院校更好地为地方区域经济建设与发展服务。"共育订单班" 人才培养的课程体系, 既符合工作过程导向, 又具有校企共育特征; 既有助于高职院校提升学生的综合素养, 又有助于高职院校提高学生的动手能力, 使学校培养的技能型人才更加符合区域产业特点和订单合作企业对未来技能型人才的需求, 符合高职教育不断提高人才培养质量的要求。

第三节 "校企共育能力递增"技能教学模式

在人才培养模式改革中，一些高职院校与相关区域的企业开展了深层次的"订单式"校企合作，组建了"共育订单班"，由校企双方共同进行人才培养。校企共育人才培养模式的重点体现在学生的技能培养方面，即由校企共同参与、协同配合，并将职业能力的培养贯穿于整个教学过程之中，以促使学生的职业能力朝着合作企业所需要的方向发展。本小节将以机电一体化专业的学生的技能培养为例，对"校企共育能力递增"技能教学模式进行如下探索。

一、"校企共育能力递增"技能教学模式的内涵

（一）校企共育

在"校企共育能力递增"技能教学模式下，我们可以将机电一体化专业的学生的技能培养定位为学校与合作企业共同培养人才，实现学校的人才技能培养与合作企业的人才技能需求的对接，实现校企共赢。通过组建"共育订单班"，可以让合作企业提前选定未来的员工；企业针对自身的生产岗位对人才提出职业能力上的要求，对预选的员工设定岗位培养目标；高职院校根据该专业人才的培养内容与合作企业对未来员工的职业能力要求，确定学生必须系统掌握的理论与实践知识；校企双方在合作的基础上，依据共同认可的技能培养目标与技能教学内容制定技能培养方案；在技能培养过程中，由校企双方的共育性师资队伍共同参与技能培养活动与过程，充分利用校企双方的教学资源，共同培养"订单式"人才。

（二）能力递增

根据学校与合作企业共同确定的对学生知识和技能的培养要求，以及校企双方对在校期间的学生的培养目标做出规划。规划的内容为：公共课程及技术基础课程的教学主要由校方主抓，与企业所需求的能力对接的核心技术课程由企业派技术人员和一线专家开展教学与实训工作，其他技术课程的教学与实训，由校方负责。在人才培养期间，校方应按"工学交替"的方式安排学生到订单合作企业参加生产实习和顶岗实习，并由学校和企业共同组建的实践教学团队负责实习指导。在对学生进行职业能力培养的过程中，校企双方应遵循由简单到复杂、由低级到高级的教学递进规律和人才成长规律，促进学生快速提升专业素养，应以学生参与职业资格考核，并获取相应的职业资格证书为目标。

（三）技能教学

技能教学是指针对学生的实践能力、岗位技能的培养所开展的实训教学，教学内容由

技术基础课程实训教学、技术课程实训教学、校内系统实训教学、校外岗位实训教学共同组成。"共育订单班"的技能教学由校企双方的共育性师资队伍在校企双方的实践教学场所交替进行，校企双方共同培养符合合作企业岗位需要的技能型人才。

二、"校企共育能力递增"技能教学模式的总体架构

"校企共育能力递增"技能教学模式的总体架构为：以校企双方组建的共育性教学团队为主体，以校企双方的实践教学资源为载体，以合作企业的生产岗位（群）的职业能力需求为重点，精心设计"共育订单班"学生的技能培养目标，形成技能教学方案。"校企共育能力递增"技能教学模式的运用，有利于高职院校打破各门技术实训课程之间的界限，按照对接性职业能力培养要求统筹设计技能教学阶段及各阶段的技能教学项目、教学内容与训练目标，实现技能教学的阶段化、整体化，使各门技术课程的技能训练之间既相互独立又相互渗透、相互衔接。因此，高职院校要注重将技能训练与技能竞赛和职业技能鉴定结合起来，通过要求学生考取中级、高级职业资格等方式，来促进其专业技能水平迅速提升。

（一）预设目标

1.总体目标

以订单合作企业的生产岗位（群）的职业能力需求为目标，使学生具备企业岗位（群）所需要的生产设备安装调试能力、生产设备操作能力、生产设备维修能力、产品加工能力、产品检验能力以及产品生产工艺改进能力。

2.具体目标

将"共育订单班"学生的职业能力培养目标分为三个阶段：第一阶段的目标是培养学生的职业基本能力，第二阶段的目标是培养学生的职业核心能力，第三阶段的目标是培养学生的职业拓展能力。各阶段职业能力培养目标的达成，以学生是否通过校企双方认可的相应工种的中级、高级职业资格考核及获得证书为准，并将这一标准作为订单合作企业最终决定是否录用的重要依据。

（二）基本思路

1.设计递进式技能教学阶段

将"共育订单班"的整个技能教学划分为基本技能教学、核心技能教学和拓展技能教学三个技能教学阶段。

2.设计各阶段的递进式技能教学项目与内容

以各门技术课程的实训内容之间的纵向联系为纽带，对技能教学实训项目进行重组与优化，设计符合各阶段教学目标的递进式实训项目。在各阶段技能教学实训项目的内容安排方面，校方要结合订单合作企业的岗位（群）能力需求，将企业生产项目与产品生产技术、生产工艺作为技能教学的主要内容。

3.技能训练与技能竞赛、职业技能鉴定相衔接

在各阶段的技能教学中，学校通过开设相应的训练项目，以及举办各类技能竞赛，可以有效激发学生的学习热情，使技能训练与技能竞赛、职业技能鉴定更好地结合起来，从而达到最佳的技能教学效果，有助于学生分阶段参加职业技能鉴定考核并获得中级、高级职业资格证书。

4.建设技能教学实践基地

"共育订单班"学生的技能培养只有依靠校企双方的实践教学资源，才能达到预期的效果。因此，学校与合作企业在共同判断校内实践资源和企业实践资源价值的基础上，还应对欠缺的实践教学资源予以补充，并由校企双方共同添置校企共育所必需的实训设施、设备，以达到校企双方对"订单式"人才技能培养的要求。

5.开展双地点技能教学

校企应根据各阶段技能教学的项目内容及特点，依靠双方共同建设的校内外实践教学资源，分别采用不同的教学方式、方法来实施技能教学。

6.技能教学任务由双方派人共同完成

校企双方共同组建的共育性师资队伍，是提高"订单式"人才专业素养的重要保障。合作企业应抽派技术专家、一线骨干员工与学校教师组成教学团队，由团队成员分别在校企两个地点或以交叉合作的方式参与技能教学活动，形成校企合力培养"共育订单班"学生的技能培养模式。同时，通过参与企业开展的技能教学实践活动，教师能够极大地提升自身的专业水平，有利于高职院校"双师型"教师的培养。

（三）选择优质企业，开展以订单式合作为基础的校企共育活动

订单式合作模式下，学校与用人单位针对用人岗位的需求，共同制定和实施人才培养方案。这一培养方式强调学以致用、能力对接，强调学校、企业的有效沟通，以及生产、教学的有机结合，有助于高职院校培养用人单位真正需要的技能型人才。这种培养模式有利于高职院校整合社会优质资源，充分调动学校、企业和学生三方的积极性。量身定做的人才培养方案，有利于高职教师因材施教，对于高职院校实现有针对性、实效性的人才培养目标，以及学校、企业、学生三方实现"共赢"，具有重要的作用。因此，优秀的订单合作企业是"校企共育"的基本前提，关系着订单式合作培养计划的成功实现。对订单式合作人才培养模式下的企业选择，高职院校应该重点从以下三个方面加以可行性论证：

（1）企业的发展前景。高职院校可依据企业制订的中长期发展规划、生产规模、技术水平、经济效益与用人机制等，选择发展前景广阔和发展潜力较强的企业开展合作。

（2）企业的经营能力和市场风险。企业的经营能力包括市场开拓能力、资金运作及决策能力、风险化解能力等。

（3）企业与学校合作的主要动机和出发点。高职院校应选择真正具有人才培养愿望、实力雄厚、重视教育、理念先进、社会信誉度高的大企业作为合作伙伴，而不应选择急功

近利、只求获取廉价劳动力来解决眼前用人需求的企业作为合作伙伴。

（4）企业的"订单式"人才数量。只有订单学生达到一定规模，才有利于校企双方进行订单式合作。

（四）模式的实施

1. 研究"共育订单班"学生的培养方案

以机电一体化专业人才培养为例。校企应共同组建人才共育委员会，并由委员会组织"共育订单班"学生技能培养研讨会。校企双方代表应认真听取企业专家对人才培养的意见，研讨机电一体化专业技能培养的方向与目标、教学内容、技能水平的认定方式等。

2. 编制《机电一体化技术专业技能教学标准》

在深入调研的基础上，校方应充分考虑合作企业对员工职业能力的要求与学生的后续发展，制定兼顾企业需求与学生发展的实践技能教学标准，包括各阶段的技术课程内容及相应技能培养的教学内容、实训项目内容、实训项目顺序、实训时间及评价标准、考核方式等。

3. 根据《机电一体化技术专业技能教学标准》分步穿插实施人才培养方案

校方可以将前3个学期作为人才培养的第一阶段。该阶段的人才培养主要依靠校内师资与教学实训条件，对学生进行基本理论与职业基本技能的培养，并由高职教师指导学生在校内进行专项技能训练，主要进行包括金工实训（车工、钳工、焊接等）、电工实训、电气控制安装与故障排除等单项能力的训练，同时穿插企业岗位生产实习内容，让学生在参加职业核心技能训练之前，就掌握一定的专业基础技能和职业基本技能。

校方可以将第4～5学期作为人才培养的第二阶段。该阶段的人才培养依靠"双师素质"教师和企业技术人员、一线技术骨干员工组成的师资队伍，在学校与合作企业两个地点共同组织，并系统实施专业技能教学。在学校机电实训中心进行的综合实训，主要包括设备安装与调试、PLC编程与故障排除、数控编程与加工、产品检验、液压与气动控制、数控机床检测与维护等内容。在合作企业进行的技能训练，主要包括合作企业的生产设备安装调试技术、操作技术、维修技术与管理技术等内容。在实训过程中，教师应让学生了解工业企业的生产及质量控制与管理体系，为学生进行企业顶岗实训做好准备。

校方可以将第6学期作为人才培养的第三阶段。在前半个学期，校方应主要开展深化教学、强化训练和拓展训练；在后半个学期，校方应按照与合作企业签订的订单式合作人才培养协议，由合作企业将学生接到企业进行顶岗轮岗训练，主要训练内容包括产品生产、产品检验、产品装配、设备安装与调试、设备维护、设备管理与运行、生产管理等专业技能，以全面提升学生的专业技能及安全意识、班组意识、成本意识、团队意识，提高学生的实际动手操作能力和技能水平，提高其职业素养。在合作企业开展的最后的顶岗实训中，校企双方应采取"实训与就业相结合"的人才培养方式，从而实现人才培养"从理论到技能，从学校到企业，从学生到员工"的全方位立体过渡，真正实现学生实习与就业的零距离对接。

4.技能训练与技能竞赛、职业技能鉴定相结合

一方面，校方应组织机电一体化技术专业"共育订单班"的学生参加包括普车、数车、钳工、数铣、焊接、电工、PLC、液压气动等项目的校内技能竞赛和市级、国家级技能竞赛，以赛促教，以赛促学，实现教学相长。这样既能激发学生学习技术的热情，调动学生的学习积极性与主动性，又能检验技能教学的效果。另一方面，校方应按照企业的"订单式"人才培养目标和要求来培养学生，并结合该专业的特点，将技术课程的教学标准与职业技能的鉴定标准进行有效的衔接。为了提高学生参加职业技能培训与技能鉴定活动的积极性，增强学生的就业竞争力，校方可以规定，凡是岗位或技能有相应资格考核标准的课程，学生必须考取相应的职业资格证书，并将此作为相应环节的实践教学目标和职业能力发展情况的量化目标。实践证明，这种技能培养方式能促进技能教学质量的稳步提高，能满足订单合作企业对技能型人才的需求。

三、"校企共育能力递增"技能教学质量的保证措施

（一）建设"双师型"教师队伍，开展技能教学活动

高职院校的技术课程教学对教师的要求是，既熟悉理论又具备实践经验，既懂理论教学又懂操作技能教学。以下措施对建设高素质的"双师型"教师队伍具有极大的促进作用。

（1）自我提升，即学校制订方案，引导教师自我提升，鼓励教师提升自身的教学技能和水平，鼓励教师考取相关专业的技师、高级技师等职业资格证书。

（2）"走出去"，即将学校教师送出校外，让教师到合作企业去参加技能培训、顶岗实践和挂职锻炼等活动，以提高教师的专业素养，增强教师的实践能力和为教师提供积累实践经验的平台；鼓励教师将一线的岗位管理、技术要求和实践经验贯穿于教学过程中，尤其是在培养学生专业素养的过程中，为教学质量的提高奠定了良好的基础。

（3）"请进来"，即聘请合作企业的技术人员、一线专家等承担技能教学任务。这些技术人员与一线专家主要承担学生的生产性实训和学生在企业顶岗实习期间的实践教学任务，同时，校方应采取恰当的形式，对这些技术人员和一线专家进行教学方法的培训，以促使其成长为"双师型"教师，为提高教学质量扫除障碍。

（二）建设校内校外实训基地，提供技能教学实践平台

在校内实训基地的建设中，高职院校应坚持"立足校内、挖掘潜力、开发项目、全面系统、人人过关"的原则，保证每个学生都有实践和锻炼的机会。

在校外实训基地的建设中，高职院校应充分利用订单合作企业提供的良好实训资源，让学生在校外实训中可以亲自参与设备的安装、调试与生产操作、维护等实训活动，特别是将课程教学内容完全融入生产实践，弥补校内生产实训的不足，给"共育订单班"学生的技能培养提供充足的实训岗位，保证教学质量。

（三）让学生接受企业文化的熏陶，提升他们作为合作企业准员工的意识

企业以创造最大化的产值与利润、获得最大化的经济效益为目标，企业员工则是企业经济效益的源泉所在。高职院校应与订单合作企业一道，通过以下措施来提高准员工的素质：

（1）培养学生的爱岗敬业精神，帮助学生树立良好的工作心态。引导学生在工作岗位上追求"自我价值实现"，以饱满的热情对待工作，最大限度地发挥自身的潜能。

（2）让学生体会工作的快乐，高职院校应使学生建立忠诚于企业，与企业共同发展的意识。让学生懂得无论做什么工作，无论面对怎样的工作环境，都应该认真工作，不能对自己的工作产生懈怠，要把企业的事情看成是自己的事情，养成良好的工作习惯；让学生学会在工作中锻炼自己，使自己的能力不断提高，实现自己的价值。

（3）教育学生摆正心态，做好自我定位。如努力做好自己手里的每一项工作，即便是看似简单的重复性工作；只有工作态度认真，才能够在日复一日的工作中发现机遇，也许机遇所带来的近期回报很少，甚至微不足道，但是不能把眼光局限在自己得到了什么，而应当看到"这个机遇"本身的价值；在工作中不管做任何事，都应该具有归零心态，抱着学习的态度，将每次任务都视为崭新的开始、新的体验、通往成功的机遇之门。

（4）让学生在企业中接受企业文化、经营理念、管理方法的熏陶，提前认识企业、融入企业，并适应企业的工作环境，为正式进入企业、成为合作企业的员工做好思想上的准备。

可见，实施"校企共育能力递增"技能教学模式，不仅可以为高职院校各专业的人才培养提供教学方式方法上的支撑，还能为高职院校各专业的技能教学提供重要的保障。学校与合作企业可以真实地体会到，"车间与教室合一、理论与实践合一、学生与学徒合一、教师与师傅合一、作品与产品合一、育人与用人合一"的校企共育技能教学模式，在高职教育"订单式"人才培养中发挥巨大的作用。当然，在这种技能教学模式实施的过程中，我们也发现了一些问题。例如，部分学生重技能实训而轻理论学习，因企业生产经营波动造成的校外实训与校内教学的不同步，以及由此导致教学实施计划需要调整等问题。高职院校要想真正开展好技能教学，依然还有很长的路要走。因此，坚持不懈地探索是"校企共育能力递增"技能教学模式不断完善的重要支撑，我们相信高职院校只要坚持"以就业为导向""以能力为本位"和"以职业活动为中心"的理念，与优质企业合作开展技能型人才培养活动，其人才培养质量一定会不断提高，从而能够更好地为地方区域经济建设和社会发展服务。

第四节 共育性职业能力评价体系

学生的职业能力需要通过评价的方式来检验。同时，通过评价学生的职业能力，高职院校及教师可以审视其人才培养活动及过程的有效性，以便更好地发现人才培养中的相关问题，并采取有效的措施加以改进，为不断提高技能型人才培养的质量提供依据。

一、职业能力评价与职业能力评价体系

（一）职业能力

高职学生的职业能力，是指他们从事相关专业领域的一线岗位应具备的综合能力。职业能力分为职业基本能力、职业核心能力和职业拓展能力等分项能力。其中，职业基本能力包括从事专业领域内工作的基础能力；职业核心能力是指从事专业领域内的工作必须具备的，解决生产活动过程中的生产技术问题的能力，它是反映技能型人才真实本领的，具有竞争意义的核心能力；职业拓展能力则是指适应用人单位需要的，除了职业基本能力和职业核心能力以外的其他职业能力，它既是学生适应当前职业能力要求的发展性能力，也是学生更好地适应社会需求和个人长远发展需要的可持续发展能力。

（二）职业能力评价

职业能力评价是指对学生所具备的，对特定职业的胜任能力的评价，它既是对学生的职业胜任程度的量度，也是衡量高职院校人才培养质量和效果的手段。高职院校实施人才培养活动，其最终目的是培养学生的职业能力，即通过实施人才培养活动，既能让学生更好地适应用人市场的需求，实现成功就业、高质量就业以及个人职业生涯的发展目标，又能为企业的选人用人提供可信的依据。因此，高职院校需要开展一系列的职业能力评价活动。通过这些活动，一方面可以引导学生关注自己的职业能力发展状况，另一方面还可以促使学校关注人才培养各环节、各阶段的培养效果，并从总体上监控人才培养的质量。

（三）职业能力评价体系

职业能力评价体系是指用于评价学生职业能力的，包括评价项目、评价内容、评价标准、评价方法、评价结论等要素在内的职业能力评价系统。高职学生的职业能力评价体系是一个综合系统，既包括对学生所学各门技术类课程的理论学习效果评价，又包括对学生参加的各类实践课程的学习效果的评价；既包括对学生在校内学习效果的评价，又包括对学生在企业内实践效果的评价；既包括校内专职教师的评价，又包括校外兼职教师的评价；既包括对学生各学习阶段的过程性评价，又包括对学生各学习阶段结束后的终结性评价；既包括对学生的职业基本能力的评价，又包括对学生的职业核心能力和职业拓展能力的评

价；既包括对专项职业能力的评价，又包括对综合职业能力的评价。职业技能鉴定评价是检验学生职业能力水平的最具说服力的评价项目。

（四）共育性职业能力评价体系

共育性职业能力评价体系的建立，有利于合作企业参与和监控高职院校人才培养的活动与过程。当然，这种评价体系的建立是需要校企之间紧密合作才能实现的，即共育性职业能力评价体系的建立，是以深层次的校企合作为基础的。否则，合作企业是不会真实地参与针对学生的职业能力评价活动的。因此，在"校企共育"人才培养活动中，高职院校需要主动联合用人企业，即人才订单企业，针对"共育订单班"制定科学、可行的共育性职业能力评价体系，确保人才培养活动的有效性和人才培养的质量与效果。

二、建立共育性职业能力评价体系的必要性

共育性职业能力评价体系应存在于"校企共育"人才培养活动与过程中，否则这种职业能力评价体系将不具有共育性。建立共育性职业能力评价体系，不仅有利于高职院校评价学生的职业能力，而且还有利于学校与合作企业监控"校企共育"人才培养的状况，为有效达成学校与合作企业共同确定的人才培养目标，提供有力的帮助与支持。

（一）有助于有效评价"共育订单班"学生的职业能力发展状况

高职院校需要借助系统的评价手段，对学生的职业能力发展状况进行评价。高职院校建立共育性职业能力评价体系的目的在于保障和促进"共育订单班"学生的职业能力向着用人企业所期望的方向发展。由于共育性职业能力评价体系中融合、渗透着学校与人才订单企业的双边要求，尤其是融入了人才订单企业的相应职业岗位、对一线技能型人才的胜任能力要求，因此，它能够有效地评价"共育订单班"学生的职业能力与校企双方共同期望的能力培养目标的达成程度。共育性职业能力评价的结果既反映了学生对人才订单企业职业岗位的适应能力与胜任程度，代表着学生的就业核心竞争力，又关系着用人企业对学生的最终选择。

（二）有助于学校与合作企业共同监控"校企共育"人才培养过程

职业能力评价体系是人才培养工作的"指挥棒"，有什么样的评价体系就会产生什么样的人才培养方式与效果。共育性职业能力评价体系要求，"校企共育"人才培养活动的各个环节都要有相应的评价内容、评价方式，并且整个评价过程由学校和用人企业共同参与。因此，职业能力评价体系具有共同监控"校企共育"人才培养过程和人才培养质量的功能。同时，由于这样的职业能力评价体系借助了第三方，即职业技能鉴定机构的力量，因此，职业能力评价体系能够充分反映学校与用人企业参与"校企共育"人才培养的效果。

（三）有助于持续改进"校企共育"人才培养活动

"校企共育"人才培养模式的核心在于校企双方共同参与人才培养的活动，共同培养

符合用人企业岗位需要的技能型人才。其中的共育性职业能力评价是人才培养过程中检验人才培养质量与效果的一个不可或缺的环节。建立共育性职业能力评价体系，并按照体系要求分阶段采用不同的评价方式，既有助于高职院校对学生的职业能力培养情况的评价与跟踪，又有助于高职院校对教育教学活动的效果进行检验。当学生的阶段性职业能力评价结果与校企双方期望的人才培养阶段性效果存在偏差，或超过允许范围时，学校与用人企业就需要及时对教育教学过程进行回顾，并采取有效的措施及时地进行调整。调整的内容应包括课程计划的调整、教学标准的调整、教学模式的调整、教学场所的调整、学生学习方式的调整等，以确保学生的职业能力综合评价结果与校企双方的最终期望具有较高的契合度。当然，如果职业能力综合评价结果与校企双方的最终期望存在偏差或超过允许范围，则需要由校企双方共同组织专家对共育性人才培养方案进行认真的修订，并将各阶段的职业能力评价结果应用于人才培养方案的修订之中，最大限度地优化共育性人才培养方案中的各个要素，发挥其对共育性教学环节的支撑作用，给学校面向企业的"校企共育"人才培养活动的持续开展，奠定坚实的基础。

三、共育性职业能力评价体系的架构

由于"明确判断能力强弱的标准、搜集体现能力的证据和根据能力强弱的标准做出判断，是职业能力评价的三个基本环节"。因此，在建立共育性职业能力评价体系时，需要按照以上三个基本环节制定评价体系。

（一）确定共育性职业能力评价要素与标准

"共育订单班"学生职业能力评价的要素与标准，需要由学校与合作企业组建的职业能力评价委员会共同研究制定，其中，学校与合作企业需要重点关注职业核心能力的评价要素与标准，将职业标准和用人企业的职业岗位要求融入技术类课程、校内专项实训和企业顶岗实习之中，充分体现"共育订单班"人才培养方式的共育性。以机电一体化专业"共育订单班"为例，职业能力评价委员会应研究和制定的职业能力评价要素有：

1. 职业基本能力，包括正确选择和使用工、夹、量等工具的能力，机械零件测绘、识读机械和电气工程图纸的能力，计算机绘图的能力，普通机床和数控机床编程与操作的能力，机电一体化设备的操作能力等。

2. 职业核心能力，包括典型机电设备的安装与调试能力，机电设备故障诊断与维修能力，典型自动化生产线安装与调试能力，电气控制线路安装与调试能力，控制技术应用能力，调试控制程序和针对常用工控设备进行程序设计的能力等。

3. 职业拓展能力，包括自动化控制系统编程与调试能力，自动化生产线故障诊断与维修能力，数控加工设备的维修能力，车间生产组织与管理能力，机电产品营销能力等。

具体如表4-1所示。

表4-1　机电一体化专业学生的共育性职业能力评价要素

分项职业能力	单项职业能力
1. 职业基本能力	1.1 正确选择和使用工、夹、量等工具的能力 1.2 机械零件测绘能力 1.3 识读机械和电气工程图纸的能力 1.4 计算机绘图能力 1.5 普通机床和数控机床编程与操作的能力 1.6 机电一体化设备操作能力
2. 职业核心能力	2.1 典型机电设备的安装与调试能力 2.2 机电设备故障诊断与维修能力 2.3 典型自动化生产线安装与调试能力 2.4 电气控制线路安装与调试能力 2.5 控制技术应用能力 2.6 调试控制程序和针对常用工控设备进行程序设计的能力
3. 职业拓展能力	3.1 自动化控制系统编程与调试能力 3.2 自动化生产线故障诊断与维修能力 3.3 数控加工设备的维修能力 3.4 车间生产组织与管理能力 3.5 机电产品营销能力

职业基本能力、职业核心能力和职业拓展能力等职业能力的评价标准的制定是一项系统性的工作，应由职业能力评价委员会反复论证予以确定。其中，一个单项职业能力的评价，需要职业能力评价委员会采集多门技术类课程的理论学习与课程实训的评价结果，或多个校内专项实训的评价结果，或多次到企业顶岗实习的评价结果。而具体应采集哪种评价结果，还需要根据该单项职业能力评价涉及的应知与应会范围来确定，并以校企双方共同研究确定的评价方案为准。

（二）获取各共育性职业能力评价要素的表征数据

这是一个较为烦琐的过程，因为各共育性职业能力评价要素的表征数据，主要来源于校内外教师对学生学习的各个阶段的评价。按照现有的职业能力评价委员会确定的方案来看，无论是技术类课程还是专项实训、顶岗实习的学习评价，均采取过程性评价与终结性评价相结合的方式，且过程性评价与终结性评价所占的比例是 4∶6，即使是技术类课程，其实践环节评价也占过程性评价的 60% 左右。由于一种单项职业能力评价需要采集多门技术类课程的理论学习与课程实训的评价结果，或者多个校内专项实训的评价结果，或者多次企业顶岗实习的评价结果。因此，一种单项职业能力的评价结论，应根据其所涉及的理论课程学习范围与实践学习范围，并按一定的权重予以综合，这样才能得到该单项职业能力评价要素的评价结果。对于参与各单项职业能力评价的学生，由第三方职业能力评价机构，即职业技能鉴定机构组织考核后，其考核的应知与应会成绩则应按照 4∶6 的比例来计算该单项职业能力的评价结果。

（三）开展职业能力综合评价

职业能力综合评价，即将学生所具备的各单项职业能力评价要素的评价结果进行综合分析，得到反映学生职业能力的综合评价结果。出于对评价方式可操作性的考虑，我们将各种单项能力评价要素的百分制评价分值转换为五级计分制，即优秀、良好、中等、合格与不合格，分别赋予5分、4分、3分、2分、1分，并将各单项职业能力评价的分数，作为职业基本能力、职业核心能力和职业拓展能力这三种分项能力的评价依据。然后，将职业基本能力、职业核心能力和职业拓展能力这三种分项能力的考核分数，按一定权重综合计算，最终得到职业能力的综合分数。

通过这样的职业能力评价方法，所得的最终评价结果是学生的职业能力综合分数。职业能力综合评价需要建立在各阶段的能力评价活动的基础之上，并需要负责评价的人员对各阶段的评价数据进行采集。最后，在学生毕业时再进行职业能力综合评价。

职业能力综合评价的结果，即评价综合分数是介于1～5分之间的数值。按照职业能力评价委员会的约定，学生的职业能力评价综合分数达到3以上的，其成绩是合格的，即符合合作企业的用人要求，合作企业才可录用其为企业员工。

共育性职业能力评价体系的建立，既反映了学生在校的学习与训练情况，又反映了学生在企业的实习情况；既反映了学生在技术类课程中的学习情况，又反映了学生对实践技能的掌握情况。影响学生职业能力评价结果的因素，既有学校对学生的评价因素，又有用人企业对学生的评价因素，还有第三方评价机构的评价因素。因此，学生职业能力综合评价是一种反映"共育订单班"学生职业能力培养状况的，具有较强说服力的客观性评价手段。订单式合作企业十分看重"共育订单班"学生的职业能力综合评价结果，因为它可以作为企业录用员工的重要依据。

总之，建立共育性职业能力评价体系，针对"共育订单班"学生开展共育性职业能力评价，是监控"校企共育"人才培养过程及培养质量的有效举措，是分析"校企共育"人才培养目标完成情况的重要依据。

第五章 校企合作机制下高职院校师资队伍的建设

第一节 校企合作办学模式与高职院校师资队伍的建设

当前,我国正处于经济转型升级的关键时期,职业教育能否培养出更多满足产业转型升级要求的高端技能型人才至关重要。作为高职院校的教师,我们首先应该全面、深入地了解新形势下高职教育人才培养的目标和特点是什么,教师在校企合作办学模式中的作用是什么,以及校企合作办学模式下的人才培养要求是什么。

一、高职教育人才培养的目标和特点

高职院校的一切教育教学活动都是为了实现高职教育的人才培养目标。高职院校的教育教学活动的内容包括选择什么样的人才培养模式,制定怎样的课程体系,如何制定人才培养标准等。因此,高职院校教师应深刻理解高职教育的人才培养目标。

(一)高职教育人才培养目标

2000 年 1 月,教育部印发并实施的《关于加强高等职业教育人才培养工作的意见》提出,高职教育培养的是"拥护党的基本路线,适应生产、建设、管理和服务第一线需要的,德、智、体、美等方面全面发展的高级应用型、技术型专业人才"。在高职教育培养高技能人才的基本目标的指引下,不同的高职院校可以从自身所在院校的教育教学实际出发,提出具体的符合学院办学特色的人才培养目标,甚至不同专业的高职教师,也可以根据其所教专业的特点提出具体的专业人才培养目标。

(二)高职教育人才培养目标的特点

我们认为,高职教育人才培养目标与高等教育人才培养目标具有一些相同的特点。

1. 人才培养层次的高级性

我国高等教育包含了高等职业技术教育。高职教育是面向普通高中毕业生或中专、技校毕业生组织招生入学考试的,高职生与本科生的生源是属于同一层次的。因此,无论是

高等学校还是高职院校，其招生对象都具有一定的理论基础。但同时高职教育以工科类人才培养为主，侧重通过实际操作、训练等方式来培养学生，使学生掌握某一门专业技术，高职院校学生的实践能力往往强于普通高等院校的学生。

2. 人才培养的标准

区别于普通本科教育，职业教育始终坚持"以服务为宗旨、以就业为导向"的办学方针，致力于为社会源源不断地提供高素质劳动者和技术型人才，这是职业教育的生命线。职业院校根据企业对专业岗位的人才需求，建立专业的动态调整机制，及时开设市场最需要的专业，使培养出的学生在毕业后马上就能到企业承担某岗位的工作，充分体现出职业教育人才培养的职业性特点。

3. 人才培养的类型

高职教育培养的学生应该是既具有某专业的基本理论知识，又熟练掌握该专业操作技术，同时还具有一定组织能力的人。产业转型升级对高技能人才的需求量不断增加、要求不断提高，这使得职业院校必须注重对学生的专业技术、专业知识、职业精神的培养。从某种意义上来说，高职院校培养出的学生已经是复合型人才，高职教育培养的学生的综合素质得到极大的提高。

4. 人才培养过程的复杂性

高职院校在人才培养过程中，除了向学生讲授必要的理论知识外，还让学生在学校实验室中进行实践，让学生在实践中学习。高职院校还会组织学生到校外的企业进行实训和顶岗实习，提升学生的专业素养。同时，高职院校通过聘请企业技术骨干员工（兼职教师）到学校教专业课的方式，可以让学生及时地了解最新的专业技术发展方向，提高学生的综合素养。目前，高职院校不断加强与企业的协同育人合作，双方通过校企合作，共同制订人才培养方案和课程体系，共同建设校内、校外实验室，培养学生的动手能力。

二、校企合作模式下的人才培养模式

校企合作模式下的人才培养模式的形成，是由高职教育的人才培养目标决定的。2014年，国务院印发的《关于加快发展现代职业教育的决定》明确指出，要深化产教融合、校企合作，加快现代职业教育体系建设。产教融合、校企合作已成为现代职业教育发展的必然选择。

校企合作最初主要表现为：（1）企业和学校一起，针对某个或某些专业，一起开展人才需求调查，根据调查结果共同制订人才培养方案；（2）企业和学校共同制定课程体系，包括专业课程、专业基础课、专业选修课、公共基础课等；（3）企业和学校共同建设校内实验室和校外实训基地；（4）企业和学校一起承担教学任务，专业基础课程一般由校内的专任教师担任，专业课程或实践性较强的课程由企业安排技术骨干员工到校上课，或者学校把学生送到企业去上课；（5）企业和学校一起编写教材，制定课程考核评价标准等。

目前，经过十几年的发展，校企合作已经上升到一个较高的层次。无论是合作的广度，还是合作的深度，校企合作都已经呈现出深度融合的状态，校企合作的深度融合体现在招生、就业、专业课程设置、实训基地建设、师资队伍建设等方面。校企合作发展到今天，很多高职院校已经突破了传统管理模式的限制，从学校办学体制、学校顶层设计的高度去积极探索更进一步的校企深度合作，并依托政府、行业、企业和相关科研院所的支持，构建校企协同育人平台，以提高人才培养的质量。

三、校企合作模式对师资队伍建设的要求

校企合作模式下的人才培养模式对当前高职院校师资队伍建设提出了新的要求，特别是对作为学校主体和长期坚守在教学一线的高职教师提出了更高的要求。

（一）对高职院校教师的一般要求

1. 良好的道德素质

好老师应该具备四大特质，"道德情操"就是其中的一个重要特质，教师的一言一行无时无刻不在影响着学生。因此，加强高职院校教师的道德素质对于高职院校培养全面发展的人才具有重要的意义。

2. 良好的专业素养

高职院校的教师应该具有较高的专业知识水平和良好的专业技术。高职教师只有扎实地掌握专业知识才能真正更好地开展教学工作。

3. 较强的综合素质

虽然高职院校强调培养学生并使其有一技之长，但对于学生来讲，综合素质的提升才是其成才的基础。高职院校教师在传授专业知识的时候，要为学生讲授一些相关的科学文化知识。这就要求高职院校教师具有一定的人文、社会科学方面的知识。比如，懂一些哲学、政治学，掌握一些管理、法学和经济学方面知识，熟悉一些历史和文学艺术知识，同时了解一些基本的生物、化学、物理、地理、天文、地质和数学知识。

4. 较强的教学设计能力

高校招生过程中，选择高职院校的大多是在高考中没有考上本科的学生，与考上本科的学生相比，这些学生的文化课知识基础相对薄弱。因此，作为高职院校的教师，在面对这样的学生群体时，要掌握一些教育学和心理学方面的知识，采用有利于高职学生接受的授课方式，利用最新的教学方法，激发学生的学习积极性。

5. 较强的创新能力

当前，企业之间的竞争越来越激烈。企业能否在竞争中求得生存和发展，"创新"起着关键性的作用。这种新的形势要求我们培养的大学生也应该具有创新能力。因此，培养高职院校学生的创新能力，已成为目前高职院校的重点工作之一。而这种创新的要求，首先会转移到教师身上，所以，高职教师要具有一定的创新能力，包括第一时间接受新鲜事

物的能力等。

（二）对高职教师的特殊要求

1. 丰富的实践经验和较强的动手能力

高职院校培养的是面向生产、管理、服务等岗位的高水平技术人才，技术性是这些人才的主要特征。因此，高职院校的教师要熟练掌握相关专业技能，要具备较强的动手能力和较为丰富的实践经验。高职院校的管理层或领导层，则应该通过改革校内的体制，制定各种激励政策，安排教师定期或不定期地到企业挂职锻炼，使教师进一步熟悉生产、管理和服务场地，丰富教师的实践经验，从而使教师能够更好地指导学生。

2. 较强的职业课程开发能力

高职教师应该具有较强的职业课程开发能力。当市场上出现新的职业、岗位或新的技术需求时，高职教师要及时了解并敏锐地捕捉这一变化，通过调查研究等方式，进行必要的职业分析和工作岗位分析，研究新的职业、岗位对人才的要求，并针对这些要求修改讲义或开发新的教材，使教学内容能及时地满足学生的发展需求。

4. 较高的社会活动能力和技术推广能力

校企合作的深度融合，需要高职院校教师与企业保持紧密的联系。教师要能够代表学校或所在专业主动"走出去"与企业建立合作关系，从企业获得对课程教学、专业发展有益的资源，或者进一步取得企业高层、企业技术骨干的支持与帮助。要做到这些，教师就需要具有较强的策划能力、组织能力、表达能力和沟通能力。另外，高职院校教师必须将自己在学校的研究成果，如某项研究专利、应用技术等，适时地传递给社会、企业，将自己的科研成果进行市场化，进而将其转化为生产力。而要成功地实现这一转化目标，高职教师还需具备较强的技术推广能力。

5. 较强的就业指导能力

随着每年全国高校毕业生总数的增加，高职院校学生面临的就业压力也越来越大。因此，高职教师在向学生传授知识，培养学生专业素养的同时，还要肩负着为学生提供职业指导和就业指导的重任。近年来，随着大学生就业形势和环境的改变，国家开始高度重视高职院校学生的创业，创业已成为毕业生就业的一种重要选择。这对高职教育提出了新的、更高的要求，高职教师只有具有较强的创业意识和较强的创新能力，才能更好地指导学生创业。

（三）对管理人员的要求

能否建立一支符合校企合作办学要求的教师队伍，对高职教育人才培养目标的实现具有重要的作用，作为高职院校办学重要组成部分之一，管理队伍（由高职院校的行政管理人员组成）同样起着不可代替的作用，校企合作的深度融合也对他们提出了一些新的要求。一是管理人员要及时更新思想观念，克服官僚主义思想，积极配合高职院校的教学体系改革工作，虚心听取教师的意见，充分肯定教师在教学改革中的主体作用，尊重他们的专业意见，特别是在涉及专业设置、课程教学和实训基地建设等方面，要避免出现闭门造车、滥用职权、外行管内行等问题。二是管理人员要不断提高自身的专业素养，不断提高自身的工作水平。三是管理人员要"走出去"，主动协调企业与学校的合作关系，及时协助教师解决其在与企业合作过程中遇到的各种问题。

第二节　校企合作机制下高职院校师资队伍建设的现状及意义

根据"高等职业院校人才培养工作状态数据采集与管理平台"公布的 2014 年师资队伍方面的有关数据，以及近几年国家颁布的有关高职教育发展方面的文件和麦可思研究院发布的《就业蓝皮书：2014 年中国大学生就业报告》，同时结合笔者在不同高职院校的工作实际情况，可以发现，在当前校企合作深度融合办学的背景下，高职教育师资队伍建设仍存在一些亟待解决的问题，在校企合作深度融合办学背景下实施师资队伍建设策略，有利于解决这些问题，并改善高职院校的师资队伍结构，进而从整体上加强高职院校师资队伍建设。

一、校企合作深度融合背景下高职院校师资队伍建设存在的问题

随着校企合作的不断深入，高职院校师资队伍建设存在的一些问题逐渐凸显出来。比如，国家出台的职业教育政策在地方没有得到很好地贯彻和落实，对办学经费、人员经费、生均拨款、编制、场地等方面的政策的贯彻力度不够等。

高职教师的教学水平和科研水平严重制约着高职院校人才培养目标的实现。我国多数高职院校都是从 1999 年中专或技校升级而来的，同时受到传统中专或技校的学风和教风的影响，部分高职教师的教学水平和科研水平仍然较低。据麦可思研究院公布的一份数据显示，在高职教师队伍中，大多数专任教师都是从普通高校毕业后直接到高职院校任教的（占高职院校教师总数的 85% 左右），这就意味着，肩负着培养高端技能型人才责任的大多数教师都没有企业工作经验。高职院校通过从企业聘请大量的兼职教师到学校上专业课，在一定程度上可以解决校内专任教师实践能力不足的问题，但从长期看，这不利于学校的持续发展。另外，很多的高职教师认为科研是普通高校教师干的事，与职业教育教师无关，其实这是一个误解，高职教师同样要不断提高自身的科研水平，只不过应侧重于应用性技术研究，通过科研活动不断提高自身的专业水平。

高职教师的专业技能水平有待提高。根据麦可思研究院公布的有关企业用人情况的调查显示，部分企业已经逐渐淡化对学生学历的要求，企业招聘员工首先考虑的是学生是否

具备某一工作岗位要求的专业技能。从企业招聘员工的渠道上来看，80%的新进员工都是从学校毕业后就直接招聘进来的，只有不到10%的员工是通过校企合作联合培养渠道招聘的。企业对从学校直接招聘的员工的专业技能满意度相对较低，其中有超过30%的企业对高职院校毕业生的专业技能评价为"不满意"，20%的企业评价为"满意"，只有不到40%的企业评价为"很满意"。显然，这一评价与高职教师的专业技能水平有着直接的联系，只有教师的专业技能水平先得到提升，学生的专业技能水平才能得到提高。

高职教育管理人员的管理水平需要进一步提高。从总体上看，由于历史的原因，高职院校中从中专或技校留下来的一大批管理人员的学历层次较低，其管理水平和管理能力较差，部分管理人员已经不符合高职教育发展的要求，甚至制约着高职院校校企合作的进一步发展，影响了高职院校高水平技能人才的培养。

总的来说，经过十几年的发展，我国高职教育师资队伍的整体结构和水平都得到了显著的提高。但仍然缺少大量"双师型"教师，高职院校的各项人事制度、管理制度、激励制度仍需进一步完善。

二、校企合作深度融合背景下高职院校师资队伍建设问题产生的原因

校企合作深度融合背景下高职院校师资队伍建设问题产生的原因，主要包括高职院校和企业两方面因素。

（一）高职院校方面的原因

1.高职院校师资队伍建设投入力度不够

在我国，由于高职院校的历史较短，加上近年来国家大力普及高等教育和大力发展职业教育，导致高职院校发展速度过快，校企合作所需的各方面资源都非常紧张。因此，高职院校不得不将有限的资源优先投入到办学基础设施的建设、实验室的建设和购买必要的硬件设备上，而对师资队伍建设方面的投入则能省就省，这在很大程度上影响了高职教师的教学积极性，进而降低了高职院校的教学质量。

2."关起门"办学的思想仍然存在

多数高职院校都是在1999年从中专或技校升级而来的。这些院校习惯了中专时代的办学模式，习惯"关起门"来办学。这些学校很少主动找企业合作，忽视了教师与企业技术人才加强沟通交流的重要性，把高职办成了"升级版的中专"或"微型的本科"，影响了教师的教学积极性，企业也没有更多的机会参与到学校教学活动中来。

3."双师型"教师数量不多，普遍专业能力不强

几乎所有的高职院校都制定了校内"双师型"教师的认定标准，但不同的高职院校，"双师型"教师的认定标准也不同。在一定程度上，部分高职院校迫于上级教育主管部门的压

力，不得不制定"双师型"教师认定的标准；有些高职院校甚至降低了"双师型"教师的认定标准，无论是从校外聘请的任课教师，或是校内兼职的管理人员，统统以文件的形式确认其为"双师型"教师。这样，虽然高职院校"双师型"教师的数量达到了要求，但其实这种认定方式更不利于教师队伍专业素养的提高。严格来说，只有具有中级以上职业技术资格，并取得教师资格，且专门从事职业教育教学工作的人员，才能被认定为"双师型"教师。

4. 兼职教师的数量不够

长期以来，由于高职院校校内人事分配制度改革进度缓慢，高素质兼职教师队伍一直无法组建起来。高职院校不可能通过挤压学院全职教师的课时、降低学院全职教师待遇的方式来节约教学投入，更不可能将由此腾出来的课时和费用用于聘请兼职教师。然而，高职院校又没办法拿出另外一笔专门的费用用于聘请企业技术骨干员工担任兼职教师。因此，即使教育主管部门反复强调专兼教师要达到1:1，但高职院校仍无法做到。即使有能力聘请兼职教师，高职院校也缺乏对兼职教师进行教学培训的能力，只能任其发挥，甚至造成兼职教师只懂技术，不懂如何更好地把技术传授给学生的问题。

（二）企业方面的原因

在我国，导致校企合作过程中企业积极性难以得到激发的原因有很多。比如，以校企合作的方式培养教师，往往只是学校的一厢情愿。企业以追求利润为主要目的，很多企业不愿意真正花时间、花精力去培养教师，认为这是一种额外的负担，企业只希望教师将专利技术转让给他们，或希望教师到企业来指导生产、协助企业开展技术研发工作。但从企业的长期发展来看，企业要适应当前产业转型升级的环境，就应该积极参与校企合作，利用企业已有的资源参与教师培训活动，并通过校企联合的模式，培养出企业真正需要的人才。

三、校企合作深度融合背景下实施高职院校师资队伍建设策略的意义和特点

在校企合作深度融合办学背景下实施师资队伍建设策略，具有重要的理论意义和现实意义。在此背景下实施的师资队伍建设策略，具有系统解决、双向互动、多渠道性和以学生就业为导向等特点。

（一）校企合作深度融合背景下实施高职院校师资队伍建设策略的意义

通过校企合作实施师资队伍建设策略，高职院校可以达到调整、优化院校师资队伍结构和提高师资队伍教学水平的目的。第一，通过实施该策略，高职院校可以在学院层面做好师资队伍建设的顶层设计，多管齐下，做好学校教师队伍的统筹管理和兼职教师队伍的建设工作，实现提高师资队伍教学水平的目的；第二，通过实施该策略，可以提高高职院

校教师的创新能力，使高职院校将学院教学团队、技术研发应用团队、社会服务培训团队和服务保障管理团队有机地组织起来，使高职院校在满足学院人才培养需求的前提下，更好地实现教师和管理人员的个人价值，实现学院和教职员工的共赢；第三，通过实施该策略，高职院校可以建立校企合作的师资共享平台，发挥企业文化的引领作用，加强学校教职工与企业技术人员的沟通。

（二）校企合作深度融合背景下实施高职院校师资队伍建设策略的特点

1. 明确解决问题的思路

在高职院校与企业合作办学的过程中，存在着很多需要不断完善的地方，在此基础上实施师资队伍建设策略，需要校企双方明确解决问题的思路。也就是说，在开展师资队伍建设时，我们既要考虑到校内教师队伍建设中存在的问题，又要考虑到校外兼职教师队伍建设中存在的问题；除了要做好专任教师的团队建设，我们还要做好兼职教师的团队建设和管理人员的团队建设。

2. 学校与企业双向互动

通过校企合作，加强高职院校教师和企业技术人员的沟通与交流，使教师能够积累一定的工作经验，提高自己的专业水平。同样，企业技术人员也可以通过与学校教师的交流、合作，不断地提高自身的理论水平。另外，校企合作还可以促使双方进行人才互派，有利于校企双方人才的双向流动，从而使校企双方更好地合作。

3. 来源的多渠道性

不可否认的是，目前高职院校教师的来源相对单一，多数教师都是从普通高校毕业后直接进入高职院校的，部分实验指导老师还是毕业后直接留校任教的，这种情况导致高职院校教师的整体技术水平不高、实践能力不强。通过校企合作，高职院校可以聘请企业技术骨干员工来学院讲授专业课程，指导学生动手操作，进而提高高职院校的教学质量。

4. 以学生就业为导向

高职院校要根据企业的发展需要，根据企业的人才招聘要求，以学生就业为导向设置教学内容，然后再确定聘请什么样的教师来指导学生实践，最终实现高职院校的教学目标，提高学生的就业竞争力。

第三节　校企合作机制下高职院校师资队伍建设的策略

一、做好建设规划，完善激励机制

（一）做好"双师双能型"师资队伍建设专项规划

明确师资队伍建设的指导思想和发展目标，并根据专业类别制定招生计划和人才培养方案，确定教师队伍的学历结构、专业职称比例，确定各专业所需"双师双能型"教师的数量。高职院校应依据企业对应用型人才的需求和社会对高职院校人才服务的需求，制定"双师双能型"教师的评价标准，建立一支结构合理、专业多元化的高水平"双师双能型"教师队伍。

（二）构建相应的保障体制和激励机制

1. 高职院校应将企业实践作为优先聘任教师、确定聘任岗位和教师职务晋级的一个重要指标。高职院校也可以通过向教师提供实践机会，帮助教师了解企业最新的工艺和技术，以及行业发展动向，还可以让教师进一步了解与其所教专业相关的岗位（工种）职责、岗位能力要求、操作规范、管理制度等。

2. 高职院校应制定科学合理的"双师双能型"教师激励政策，鼓励高职院校教师制定与"双师双能型"教师评审制度相适应的奖励管理办法。高职院校应结合自身实际条件，设定适宜的津贴、补贴奖励。

（三）健全"双师双能型"师资队伍评价体系

对"双师双能型"教师的教学能力评价，高职院校可以从专业机构、专业教学指导委员会、学生这三个角度进行综合评价。第一，教务处等管理部门要了解专业机构制定的"双师双能型"教师的教学评价细则，根据细则分级分类地评价教师的整体素质和能力，评价体系大致分为初级、中级、高级职称三个档次和"德、能、专、服"四个维度。其中，"德"指师德、师风评价，"能"指教学能力评价，"专"指专业建设能力评价，"服"指社会服务能力评价。第二，高职院校应在各专业、行业内部遴选出部分优秀的教师和专家，成立专业的教学指导委员会，由教学指导委员会开展教学改革工作，构建实践教学质量评价体系。第三，建立学生视角的评价体系，通过学生评教等方式重点检验教师的课堂教学质量。

二、发挥产教结合模式的推动作用

（一）企业专家和技术人员进校园

对企业来说，其积极参与职业教育的动力主要来源于企业对应用型人才的战略需求。人才培养的目标决定了高职院校必须注重教学的实践性和可操作性，在产教结合模式的推动下，企业专家和技术人员能帮助高职院校及时更新理论课程与实践课程的教学内容，帮助教师及时了解行业最新的技术动向、市场需求、生产流程及就业岗位要求，推动产、学、研的合作，使高职院校的教学内容更贴近企业的实际需求。

（二）高职院校教师入企业

高职院校应有计划地选派教师到企业一线挂职锻炼，或通过科技咨询与项目合作等方式，让教师参与企业的实践活动。使教师不断地提高自己的专业水平，使教师更加熟悉行业的前沿动态，把握最新的专业知识与职业技能，为打造一支具有鲜明特色的"双师双能型"师资队伍打下坚实的基础。

（三）促进校企融合发展

通过优势互补和资源共享，企业与院校可实现多方位的深度融合和互助共赢。高职院校的"双师双能型"教师可以参与企业员工的岗前培训，为进入企业实习的高职院校学生提供岗位咨询等服务。承担培训任务的企业享有优先录用高职院校优秀毕业生和实习生的权利，同时应协助校方开展育人成才活动，与校方共建校内外实训基地，共同承担课程开发、课程教学研究等工作，校企双方的人员可进行双向交流与合作，实现互惠互利的合作目标。

三、名师名匠引领

充分发挥名师名匠的作用和影响力，是高职院校提升教师"双师双能"素质的捷径。

（一）在高职院校专业建设和人才培养过程中，高职院校应利用名师效应和智力共享机制，促进理论教学与实践教学相结合，惠及更多的教师与学生，形成辐射效应。

（二）高职院校应通过"传、帮、带"等方式，为校企合作机制下的"双师双能型"教师的培养发挥引领、示范作用，不断激励本校教师快速成长。尤其是从校企合作单位柔性引进名师名匠的方式，更有利于校企双方人才的合理流动，对院校、企业而言，这也是他们交流和展示实践成果的重要途径。

四、建立长效机制

（一）完善人才准入制度，体现"双能"素质要求

高职院校教师的聘用标准中，应体现对教师"双能"素质的要求。一方面，高职院校应根据高职教育的特点和要求重新制定聘用标准，在考核内容中增设职业实践能力测试，优选出既有专业理论知识，又有工作实践经验的高素质人才。另一方面，高职院校要拓宽教师聘请渠道，放宽学历、职称等方面的要求，在人才聘请上，可重点考虑企业的专业技能人才。

（二）建立梯队形"双能"教师培养体系

1.高职院校应在"产教结合、校企合作"平台的基础上，建立教师培养体系，明确教师职业生涯发展规划，把"双师双能型"教师培养方案与教师职业生涯发展规划有效地结合起来。

2.高职院校应根据学校与企业对接岗位的标准，按照教师的性别、年龄、专业、经历，来制定整体培养规划；通过"内培外引"的方式，提升教师队伍的综合素养。对新进教师实行岗前培训＋校内培训＋"青蓝结对"的培养模式，对工作 2～5 年的教师实行省级培训＋校内培训＋企业顶岗实践的培养模式，对骨干教师实行国家级培训＋行业、企业专

家指导＋企业顶岗实践的培养模式，对学科带头人实行国外访学、研修＋名师指导＋企业顶岗实践的培养模式。

3. 对不具备"双师型"素质的教师，高职院校应要求其每年到企业进行3个月以上的顶岗实践。

4. 高职院校应按照教师培养规划制定分类考核细则，定期对教师进行考核，并根据考核情况予以相应的奖惩。

（三）提升教师的社会服务能力

高职院校应以教师到企业顶岗实践为突破口，提高教师的社会服务能力。学校应定期安排教师参加各级、各类的行业培训，并督促教师根据行业发展的实际情况和职业教育的要求，把技术开发、技术服务、科研成果转化、企业兼职、实训基地和实验室建设资格认证等与社会服务的相关工作结合起来，以不断提升教师的社会服务能力。

总的来说，打造"双师双能型"师资队伍，对于高职院校的教学改革具有重大意义，是新时代高职教育"双一流"内涵式发展的重要前提。在"产教结合、校企合作"背景下，高职院校和企业之间的教育和管理具有双向性、连续性、协同性的特点，通过实施校企合作的培养模式，可以充分发挥学校和企业在"双师双能型"教师培养上的主导作用，可以使教师更好地了解相关职业或岗位的工作内容、工作性质和工作要求，不断提高教师的职业技能和素养，使企业实践真正成为职业教育的一个组成部分，激发教师的教学积极性，对高职院校的可持续发展具有重大意义。

第六章　国外现代学徒制的发展概况

现代学徒制的实施模式是多样的，与所在国家的政治、经济、文化和历史传统有着密切的关系。国外的现代学徒制发展速度较快，且取得了较好的效果。

我国实施现代学徒制，必须找到适合我国国情的发展路径，走有中国特色的现代学徒制发展道路。因此，向现代学徒制发展较快、实施效果较好的国家学习，借鉴其先进经验，是我国现代学徒制发展过程中不可忽视的一环。德国是实施现代学徒制较早的国家，各项制度和政策都相对比较成熟，在现代学徒制的过程管理和质量监控上有着较为完善的制度。英国和澳大利亚在现代学徒制的探索中取得了较为突出的成绩。而美国实施的现代学徒制，也是值得研究的。

第一节　德国"双元制"职业教育

德国的"双元制"是享誉世界的一种职业培训模式。事实上"双元制"作为现代社会的一种职业教育制度，确实给全球职业教育发展提供了许多经验。在德国，"双元制"对德国经济的高速发展起着重要的作用。"双元制"的办学形式、办学理念和成功经验，对我国职业教育发展也有着极大的借鉴价值。

一、"双元制"职业教育的含义

"双元制"职业教育指整个培训过程是在工厂、企业和职业学校中进行的一种教育方式，它是在传统学徒制的基础上逐步形成的一种职业教育制度。

"双元制"职业教育体系下的学生既需要在企业里接受职业技能培训，又需要在职业学校里接受专业理论和普通文化知识的培训。这是一种企业与学校互相配合、实践与理论密切联系的职业教育制度，其目的是培养具有较高职业素养的专业技术工人。参加"双元制"培训的学生，一般必须具备主体中学或实科中学（相当于我国的初中）的毕业证书。之后，学生通过劳动局的职业介绍中心选择一家企业，按照有关法律的规定与企业签订培训合同，得到一个培训岗位，然后再到相关的职业学校登记，取得理论学习资格。这样，该学生才能成为一个"双元制"职业教育模式下的学生。"双元制"职业教育最主要的特点是企业承担了其中的大部分经费和主要责任。接受"双元制"职业教育的学生在企业接受培训的时间要达到其在职业学校学习时间的两倍甚至更多。企业是实施职业教育最重要的场所之一，学生在企业里的身份是学徒。

"双元制"中的"双元"指的是以企业和职业学校作为实施职业教育或办学的主体。两者的合作在深层次上表现为受教育者两个身份的融合、两个教学目标与两种教育方式的结合。这种融合和结合是通过国家法律、政策以及各方的共同参与来完成的。"双元制"是由企业和学校共同参与，行业协会负责质量监控，将传统的学徒制与现代职业教育思想相结合的一种职业教育模式。

德国的职业教育注重对学生综合职业能力的培养，规定学生要具备7个方面的"关键能力"，具体包括：对技术的理解和掌握能力、决策能力、独立解决问题的能力、质量意识、合作能力、环境保护意识和社会责任感。德国教育专家托马斯·胡格将德国职业教育体系指导思想概括为："德国职业教育体系与其称它为一种教育，不如称它为一种思想，是一种注重实践技能为未来工作而学习的思想。"在这一思想的指导下，德国职业教育体系无论是教育与培训时间的分配，还是培训的运行机制；无论是课程目标的制定、课程方案的描述，还是教学方法的运用等，都体现出强烈的实用性、综合性、岗位性和技能性等特征。

"双元制"强调的是技能的培养，强调的是就业和直接通向生产岗位的，为未来而工作的一种教育。由于政府的重视，德国对职业教育的管理、监督、组织实施主要通过立法的形式来保证。德国于1969年颁布了《联邦职业教育法》，对各级各类职业培训的组织、实施、考试制度等做了原则性的规定，对职业教育研究工作也提出了一定的要求，这是德国关于职业教育的最基本的法令。这样，德国就形成了国家立法、双方遵循、校企合作、企业为主的一种办学制度。在这种制度的保证下，德国的企业均把职业教育作为"企业行为"来看待，企业内不仅有相应的生产岗位供学生进行生产实践，还有规范的培训车间供学生进行教学实践；不仅有完整的培训规划，还有充足的培训经费；不仅有合格的培训教师和带班师傅，还有相应的进修措施等。

在课程模式上，"双元制"以培养学生的能力为目标，旨在培养学生将来在社会上就业、竞争和发展的能力，培养学生在工作中发现、分析、解决问题的能力和操作、应用、维护和维修的能力，以及协作、自学等一系列关键的能力。

二、"双元制"职业教育的实施过程

除联邦政府和州政府外，经济部门、劳动部门、行业协会、各类公共部门均是职业教育的直接参与者。各方权、责、利的统一保证了职业培训机构的正常运行，并确保了职业培训的高质量。德国"双元制"职业教育在两个不同的教学地点进行，即企业和学校。其中，企业根据社会经济结构和市场需求提供培训岗位，对学生进行专业技能、职业素养、行为能力等方面的培训。假设总学时为1，那么约2/3的时间学生都在企业接受培训，职业学校则负责学生的基础文化知识和专业理论教育。

（一）企业培训

企业是实施"双元制"学徒培训的主体，它主要负责学徒的职业培训工作。根据德国《联邦职业教育法》的规定，学徒培训工作的实施主要依据联邦政府制定的《职业培训条例》（以下简称《条例》）。该《条例》规定了培训专业的名称、培训期限、培训应达到的要求、培训大纲（培训的内容及安排）、考试规定等方面的内容。有时为了保证培训工作的连续性，企业会与职业学校就教学和培训的组织安排进行协调，如让学徒在职业学校集中学习一段时间，其余时间则让学徒在企业接受培训。

企业内的培训主要通过三种方式进行：

第一，在实训工场进行技能训练。由于某些职业的专业化程度较高，而且工作环境也比较复杂，学徒很难在工作岗位上系统地学习专业知识和专业技能。因此，很多大中型企业都会建立专门用于技术培训的车间或工厂，以便学徒能够通过全面系统的技能训练来学习必备的职业技能。由于工作任务相对比较复杂，在实训过程中，培训师通常会将相关的工作内容按照教学要求进行系统的组织编排，使学徒能够由浅到深、循序渐进地掌握职业技能。

第二，企业内的课堂教学。企业内的教学内容更系统、更复杂，与职业的联系也更为密切，企业还会根据生产组织方式的变化及时调整培训内容。除了职业理论知识的讲解外，企业也会根据职业环境的变化，提供一些用以提高学徒综合职业素质的教学内容，比如，与职业相关的外语教学等，它是学校教学的必要补充。

第三，岗位培训。学徒具备一定的基础能力后，企业会为其提供实习岗位。学徒在培训师的指导下，独立完成规定的工作任务，企业会时常更换学徒的实习岗位，目的是让学徒提高职业综合素质，并熟悉企业的整体状况。岗位培训的功效在于：一方面它有利于学徒职业能力的提高；另一方面它会给企业带来一定的经济效益。除了少数的大公司以外，大多数的学徒培训岗位都是由中小型企业提供的，但由于教师数量、设备等条件的限制，大多数中小型企业无法单独提供完整的培训内容。在这种情况下，为了保证培训的质量，很多培训工作需要安排到跨企业培训中心进行。跨企业培训中心属于公共服务机构，一般由行会管理，行会有权安排培训工作。跨企业培训中心的作用主要体现在以下几个方面：一是弥补培训企业能力的不足，尤其是中小型企业；二是解决由于地区环境差异造成的培训能力不足的问题，尤其是因德国东西部地区差异引起的区域培训能力的不足；三是可以向中小型企业介绍最新采用的技术并负责相关的咨询与培训工作。

（二）职业学校的教育

获得"双元制"职业教育资格的学徒，必须到指定的职业学校接受职业教育。职业学校的主要任务是传授从事相应职业所需的专业理论知识与普通文化知识。

职业学校的学习可以分为基础学习阶段和职业学习阶段。基础学习阶段通常以"职业基础教育年"的形式进行，其目的是让学徒系统地学习普通文化知识和职业基础知识，以便为学徒今后的职业培训打下良好的基础。学校的教学活动通常是与企业培训活动配合进行的，采用分散教学的形式，学徒每周用 1 ~ 2 天的时间在职业学校学习普通文化知识和专业知识，另外 3 ~ 4 天在培训企业接受职业培训。但有时为了配合企业，保证其培训工作的连续性，学校也会采用集中授课的方式，将学生集中在职业学校内开展几周甚至更长时间的教学活动，使学生能够有较长的时间在企业接受更加系统的职业培训。

根据德国各州文教部长联席会议的规定，职业学校应为学徒提供每周不少于 12 小时的专业课程教学服务。其中，专业课程根据各州文教部长联席会议制订的《框架教学计划》进行选择，职业学校组织的专业课程的教学时长，应占全部课程的 2/3；普通文化课程的教学工作根据各州制订的课程计划来进行，具体课程包括德语、数学、外语、宗教、体育等，这部分课程的教学时长应占全部课程的 1/3。除了课堂教学外，职业学校还配有实训基地，并在实训基地中开展实践训练。

（三）"双元制"职业教育考试

根据《联邦职业教育法》和《手工业条例》的规定，行业协会在学徒培训期间要组织两次国家考试，而各行业的《职业培训条例》会对考试要求做出明确规定。"双元制"职业教育的考试实行教考分离的考试办法，并由行业协会统一进行管理，行业协会设有专门的考试委员会负责考试工作的具体实施。考试委员会的成员不得少于 3 人，雇主和工会代表的人数必须相等，且委员会中至少要有一位职业学校教师。考试形式分为两种：中间考试和毕业考试。

中间考试：中间考试在中期培训结束前举行，组织中间考试的目的是让学徒了解自己的学习状况，同时也可让企业通过考试的结果找出自己在教学与培训中的问题，来完善学徒培训的质量。另外，学徒只有参加中间考试才能获得参加毕业考试的资格。考试包括理论考试和技能考试两部分。

毕业考试：毕业考试主要考查学徒在培训期间是否掌握了从事某种职业所必备的从业资格和能力。参加毕业考试的学徒要具备的三个条件是：参加过行业协会组织的中间考试并合格；培训合同须在主管部门注册登记；培训期限必须达到培训条例规定的年限。毕业考试分为理论考试和实践考试两部分。理论考试通过笔试和口试的方式进行，主要考核与工作有关的职业知识等。实践考试主要考核学徒的实际工作能力，考试内容与工作任务紧密联系，根据职业类别的不同，考试内容包括口述工作实施的要求和过程等。由于职业的性质不同，因此，不同专业的考试时间也有一定的差异，大体上，毕业考试的时间少至几小时，多则几天。毕业考试合格的学员可以获得行会颁发的职业资格证书，它同时也是学徒未来从事这一行业的工作凭证。

三、德国"双元制"职业教育的特征

在德国的"双元制"职业教育制度中，企业与学校，也就是"双元制"中的二元主体紧密联系、相互配合、互为补充。企业依据政府颁布的职业培训条例对学徒进行实践技能培训，职业学校则遵循政府职能部门制订的教学计划，对学生进行文化知识和专业理论知识的传授。具体来讲，德国的"双元制"职业教育制度有以下几个方面的特点。

（一）政府统筹规划和管理

由联邦政府统一公布国家承认并设立的职业，并发布培训计划，再由州一级政府根据所在州的实际情况，对培训计划进行细化和补充规定。这就较好地协调了社会需求、职业岗位设置与培训教育的关系，达到了职业要求规范、标准统一、全行业通用、培养与就业相结合的职业教育模式。

（二）以法制和政策体系的建设为保障

德国职业教育的发展，离不开法律的保障和政府的支持。德国规范职业教育的法律、法规有很多，基本法律有三部：《联邦职业教育法》《联邦职业教育促进法》和《手工业条例》。此外，还有《青年劳动保护法》《企业基本法》《培训员资格条例》等。正是由于有了这些法律法规，同时还有一套包括立法监督、司法监督、行政监督、社会监督在内的职业教育监督系统，使德国的职业教育在培养目标、专业设置、经费来源等方面均有了明确而具体的要求。这些法律法规和监督系统既保障了学生接受职业教育的权利，又规定了企业和学校培养技术人才的义务，进而完善了德国职业教育的管理机制，促进了德国职业教育的健康有序发展。

（三）教学同生产紧密结合

"双元制"职业教育形式下的学生大部分时间都在企业进行实践操作和技能培训，他们在企业接受培训的时间，要达到其在职业学校学习时间的两倍甚至更多。企业是实施职业教育的最重要场所之一，学生在企业里的身份是学徒，而且学生所学习的是企业目前使用的设备的操作技能和技术。企业培训主要是以生产性劳动的方式进行的，从而减少了培训费用的支出，并增强了学生学习的目的性，这样有利于学生在培训结束后立即投入工作。

卡·贝格曼（德国手工业行业协会培训顾问）认为，"双元制"下的职业教育的最大优势在于其能够面对任何变化。这是因为"双元制"中的一元是企业，也就是实际的生产主体，它能够保证教学活动对新技术的迅速反应。如果是纯理论的职业培训，则很可能会出现所讲授的知识不符合生产实际的情况，因为企业在不断地应用新的工艺技术，而学校仍运用之前的教学理念。在"双元制"的职业教育中则不会出现这种情况，年轻人可以在企业中随时掌握生产所需要的新技术。

（四）多方参与，各负其责，整体协调

德国以"双元制"为主体的多层次教育目标，决定了其在职业教育上需要形成多方参与的管理体制。在这种管理体制下，联邦政府、州政府、行业协会和雇员协会均肩负着培

养新一代技术工人的责任。这四方在参与职业教育管理的过程中，其职责分别是：联邦政府的教科部在职业教育中起协调作用，经济部和其他业务部主要负责对有关培训职业资格的认定；各州政府的文教部负责协调教育政策的执行工作，以避免各州行使"教育自主权"时出现较大的偏差；行业协会承担联邦或州政府委托的职业教育任务，其主要职责：一是对承担培训的企业的资格进行认定和监督；二是决定缩短和延长培训时间；三是审查企业与学徒之间签订的培训合同；四是负责考核；五是组成职业教育委员会；六是制定规章制度；七是负责监督和咨询；八是主持仲裁委员会。显而易见，行业协会承担了职业教育的日常管理工作及组织职业教育培训等工作。

（五）互通式的各类教育形式

各类教育形式之间的随时分流，是德国"双元制"职业教育的一个显著特点。在基础教育结束后的每一个阶段，学生都可以从普通学校转入职业学校。接受了"双元制"职业教育培训的学生，也可以在经过文化课补习后进入高等院校学习。近年来，有许多已取得大学入学资格的普通中等教育毕业生，又从头接受"双元制"职业教育培训，力求在上大学之前获得一些职业经验。

1980 年德国做了一次调查，结果显示：有 67% 的被调查人接受过这种"双元制"职业教育。现在，这种教育体系可以说已完全融入了德国的社会生活。德国的家长在教育自己的子女时，会告诉子女："你们要有一技之长，才可以立足社会"。而且在德国，一个中学生毕业之后，选择接受"双元制"职业教育是一件非常自然的事情，接受职业教育不是一种被动的选择。

（六）培训与考核相分离

为了体现公平的原则，确保考试结果不受培训机构的影响以及保证考试结果的独立性、客观性，使岗位证书更具权威性，德国"双元制"职业教育采取培训与考核相分离的客观、公正、规范的考核办法。考试由与培训无直接关系的行业协会来组织。行业协会专门设有由雇主联合会、工会及职业学校三方代表组成的考试委员会，其中，雇主联合会和工会的代表人数要相同，并且两方至少要有一名职业学校的教师。由行业协会组织的考试，更符合《职业培训条例》的相关要求，由此得出的考试成绩可以更客观地反映职业教育的培训质量。

第二节　英国现代学徒制

学徒制一直是英国工作本位职业教育的典型形式。在过去几百年的时间里，英国学徒制几经沉浮，也曾一度衰落，但是英国人依然没有忘记学徒制。第二次世界大战后，英国开始探索本国学徒制的改革与发展之路。从 20 世纪六七十年代开始探索现代学徒制，到 90

年代初期实施新的学徒制改革计划、构建自己的现代学徒制，再到 21 世纪初对现代学徒制进行改革，英国现代学徒制已逐步完善，且实施效果显著。

一、英国现代学徒制的基本情况

英国现代学徒制体系（简称 NVQ）由三个级别组成：中级学徒制（国家职业资格 2 级）、高级学徒制（国家职业资格 3 级）和高等学徒制（国家职业资格 4 级及以上）。学徒培训的依据是国家统一发布的现代学徒制框架。它由英国各行业技能委员会开发，核心内容是学徒需要获得若干个国家资格证书。与德国和瑞士不同，英国现代学徒制框架本质上是一种目标或结果导向的管理策略，对学生学习的具体内容和校企分工没有进行限制，培训机构教什么，企业教什么，学徒怎么学，都非常灵活。

在英国现代学徒制的实施过程中，通常是培训机构主动寻找合作企业，企业开展职业教育的积极性不高。在英国的现行学徒制政策中，培训机构可以通过开展学徒制职业教育活动获得国家拨款，因此，在现代学徒制的实施过程中，培训机构较为主动。培训机构向企业派出代表，帮助企业确定适合该企业开展的学徒制项目。学徒通常需要通过面试，才能被录用，并与培训机构和企业签订培训合同。在培训开始后，培训机构与企业按照共同商定的培训计划交替开展教学工作，学徒的学习计划通常为每周有 4 天在企业学习、有 1 天在培训机构学习。当企业距离培训机构较远时，企业与培训机构也会以若干周为单位进行交替教学。培训机构会安排导师全程跟踪学徒在企业的学习与工作进度。培训机构主要是通过评估学徒在工作现场的表现来完成考核。专业颁证机构、培训机构，甚至雇主本身，只要通过资格认证，就可以成为评估者。当学徒取得的所有资格得到认证后，该学徒便完成了现代学徒制的学习任务。

为了帮助英国的小企业开展现代学徒制，英国还研发了一种新的学徒招募模式—学徒制培训中介模式。在这一模式中，学徒制培训中介指的是学徒的雇主。学徒制培训中介负责将学徒分配到合作企业，让其接受学徒培训，并向企业收取一定的费用。当企业无法继续雇用学徒时，学徒制培训中介再为学徒寻找新的学徒岗位。

二、英国现代学徒制的实施过程

（一）基本结构

英国的国家职业资格证书体系覆盖了所有职业，包括从刚工作的新手到高级管理人员的所有技能和知识层次。英国的国家职业资格共分为 5 个级别，每个级别反映了实际工作中该级别所需的知识和能力，以及其在工作中拥有的责任和权力，各级的能力标准及相应职务见表 6-1。

表 6-1 英国国家职业资格的 5 个等级

等级	能力标准	相应职务
1 级	有能力完成日常工作，具有在一定范围内从事常规的、可预测的工作的能力	半熟练工
2 级	有能力从事某项工作，包括一些非日常性的，并需要有个人责任的工作；具有在较大范围和变化条件下从事一些复杂的、非常规的工作的能力；具有一定的自主权，在工作中能与其他的成员进行合作	熟练工
3 级	有能力在不同的条件下从事一系列复杂的、非日常性的，需要为自己和他人负责任的工作；具有在广泛领域从事各种复杂多变的、非常规的工作的能力；具有一定的自主权，经常需要对他人的工作进行监督和指导	技术员、技工、初级管理人员
4 级	有能力在各种条件下从事一系列复杂的、技术性的或专业性的工作，并能为自己、他人和资源的分配承担较大的责任；具有在广泛领域从事技术复杂、专业性强、条件多变的工作的能力，具有较大的自主权，通常需要对他人的工作和资源的分配负责	工程师、高级技术员、高级技工、中级管理人员
5 级	有能力从事一份高级的职业，能在广泛的范围内、难以预测的条件下应用大量基本原理和技术；有极大的个人自主权，对他人的工作和重要资源分配负有重大责任，并具有个人独立分析、决断、设计、规范、实施和考评工作结果的能力	高级工程师和工程师，中级、高级管理人员

英国的国家职业资格证书体系，主要包括国家职业资格标准体系、职业资格考评体系、证书发放管理和专业人员、专业机构的质量监督管理体系。以能力为基础的职业标准体系是英国国家职业资格证书制度的核心内容，当前的现代学徒制培训也是紧紧围绕这一体系开展的。经过多次改革、调整后，当前英国现代学徒制的结构分为 5 个层次，它们与国家职业资格之间存在一定的对应关系。

目前，青年学徒制项目和前学徒制项目只是正式学徒制实施前的准备项目，属于"准学徒制"。因此，英国正式的现代学徒制主要还是指学徒制、高级学徒制和高等学徒制 3 个层次的学徒制，英国现代学徒制的基本结构说明见表 6-2。

表 6-2 英国现代学徒制的基本结构说明

学徒制层次	面向对象	基本情况	对应的 NVQ 等级
青年学徒制	14 ~ 16 岁青年	一周可以有两天在工作场所学习行业知识，为能力强、兴趣浓厚的学生提供学习机会	
前学徒制	未能做好准备接受学徒制教育的年轻人	主要指的是"就业入口"项目	1 级
学徒制	16 岁以上且不在非全日制教育机构学习的人	替代原来的基础学徒制，包括国家职业资格、关键能力和技能证书	2 级
高级学徒制	获得 5 个普通中等教育证书 C 等级或以上成绩者，或是学徒制的完成者	替代原来的高级现代学徒制，包括国家职业资格、关键能力和技能证书	3 级

学徒制层次	面向对象	基本情况	对应的 NVQ 等级
高等学徒制	完成高级学徒制或取得相关的高级职称证书	一项将学徒制与高等级教育联系起来的试点项目，可获得基础学位	4 级

（二）培训领域

英国的现代学徒制培训涵盖十大领域：艺术、媒体与出版；农业、园艺及动物养护；商业、行政管理与法案；教育与培训；建筑、规划与环境；保健、公共服务与护理；工程与制造技术；休闲、旅游与观光；信息与通信技术；零售与商业。每个大领域包含若干子领域，每个子领域又包括若干职业岗位。

英国现代学徒制培训类型是先按子领域进行划分的；之后，再依据子领域中的职业以及相应的国家职业资格层次去划分现代学徒制对应的层次；最后，以某一子领域中的某种层次的项目来确定现代学徒制项目的形式。

（三）组织管理架构

英国现代学徒制的组织管理架构由 4 个层面组成：创新，大学与技能部，儿童、学校与家庭部负责现代学徒制改革；学习与技能委员会、行业技能开发署与行业技能委员会，以及资格与课程署负责各现代学徒制项目的开发与管理；各地方委员会及各颁证机构负责地方层面的现代学徒制的具体管理与实施；教学培训则由培训机构与企业共同承担（具体见表 6-3）。

表 6-3　英国现代学徒制的组织管理结构

层面	相关机构	主要职责
总体负责	创新，大学与技能部，儿童、学校与家庭部	共同对英国现代学徒制改革的政策和进度负责任
项目开发与管理	学习与技能委员会	受英国创新、大学与技能部以及儿童、学校与家庭部联合管理的非部委公共机构，包括国家办公室、国家合同服务机构和 47 个学习与技能地方委员会；负责制定现代学徒制的政策和执行方针，向青年和企业宣传现代学徒制，并通过 47 个地方委员会对现代学徒制进行拨款和管理
	行业技能开发署、行业技能委员会	负责开发国家职业标准，起草和批准现代学徒制教学培训框架，并设计技术证书
	资格与课程署	隶属于儿童、学校与家庭部的非部委公共机构；负责资助职业标准的开发，审批国家职业资格证书、技术证书和关键技能证书的机构，确定关键技能要求的内容
	学习与技能地方委员会	管理现代学徒制经费，通过招标分配经费
实施管理	颁证机构	对现代学徒制教学培训框架中要求的各种要素进行认证

续　表

层面	相关机构	主要职责
具体实施	培训机构	培训机构包括继续教育学院在内的各公立和私立培训机构。它们首先要在学习与技能委员会注册，并获得批准，主要职责是招募提供现代学徒制培训的企业和参与现代学徒制教学活动的青年，提供学习帮助和评估
	企业	招募学徒，提供在岗培训和督导，并支付工资

（四）教学培训框架

每一个现代学徒制项目都有一个教学培训框架。该框架是由行业技能委员会与企业根据国家职业标准研究确定的，它的作用是规范学徒的学习内容和考核标准。企业和培训机构必须具备框架里的所有要素，才能得到政府的拨款。所有学徒必须达到框架里的所有要求，才算完成了学习培训。各行业的各个现代学徒制项目的教学培训框架的具体内容虽有所不同，但所有框架都必须包括三大要素。

能力要素：它的内容主要由行业技能委员会、相关行业机构以及企业决定，它的评估方法由行业技能委员会和资格与课程署商议决定，行业技能委员会和资格与课程署也会根据需要适当地加入一些知识要素。

知识要素：培训机构要确保学徒学会必要的基础知识。知识要素通常由行业技能委员会和行业机构决定，并采用经资格与课程署同意的方式进行单独评估。它既可以单独进行认证，也可以作为能力要素的一部分进行认证。

关键技能：又称核心技能或可迁移技能，包括六类，即交流、数字应用、信息通信技术应用、与他人合作、提高业绩以及解决问题。

（五）教学培训

由培训机构和企业组织开展学徒的教学培训活动，通常是由培训机构主动寻找合作企业。一般情况下，培训机构会向企业派出一名代表，帮助企业开展现代学徒制培训工作。学徒岗位确定后，企业或培训机构便可对外发布招聘广告。学徒申请岗位的服务是全年开放的，申请者可以随时申请，但申请者需要参加面试，甚至要参加考试。

企业里的培训由企业负责，学徒需要跟随有经验的企业员工学习岗位技能。企业通常会安排一位经理，由他为学徒提供帮助。学徒还要在培训机构接受普通文化知识和基本理论培训，培训机构为每个学徒指定的导师会全程跟踪学徒的学习进度，并随时帮助学徒解决学习中遇到的各种问题。

学徒完成学习培训的时间并不固定，它是根据学徒是否达到了教学培训框架中规定的能力要求，即根据相应的认证资格来确定的。实际上，学徒完成学习培训的时间取决于学徒的个人能力以及企业的要求，通常学徒完成学习培训需要的时间为 1～4 年。

（六）考试与资格制度

通过学徒制，英国的学徒可以获得英国现代学徒制框架里所规定的各类认证资格证书，主要包括三类：国家职业资格证书（NVQ）、技术证书和关键技能资格证书。这些证书的取得并不完全依赖于正规的书面考试，许多颁证机构采用的是能力本位的考试方式，即考试就在工作场所进行，考试的内容包括学徒在工作场所或在自然工作状态下的工作表现。评估者在工作场所内对学习者的工作表现进行有重点、有选择地考察，并在模拟的工作情境中对学习者进行能力测试、技能测试、熟练度测试，以及指定作业完成情况等测试。在进行资格评定时，颁证机构一般采取多种方法对学徒的职业资格进行多次评定，以求获得最可信的工作能力评定结果，从而根据评定结果判定一个人能否在各种变化着的工作环境中完成任务。另外，对之前学习成绩的认可，也被广泛运用到资格认定中，这样学徒就可以避免重复的培训和考评。

三、英国现代学徒制的特征

（一）现代学徒制体系阶梯化

英国的现代学徒制体系呈现出明显的阶梯化特点。目前，英国现代学徒制体系包括5个层次：青年学徒制、前学徒制、学徒制、高级学徒制、高等学徒制。各个层次之间互相贯通，并且完成最高一级（高等学徒制）学习任务的学徒还可以获得高等教育（基础学位）的认证资格。这样的制度设计扩展了英国现代学徒制的教育范围，可以满足不同层次的学徒对技能培训的实际需求；为学徒的继续深造提供了可能性，可以满足学徒个人发展的需求；也有利于改变人们对现代学徒制的传统印象。

（二）运作机制准市场化

对于现代学徒制的运作，英国政府选择了在政府控制与自由放任之间的"准市场化"机制。政府不仅要对现代学徒制的运作机制进行宏观调控，还要直接参与市场供需双方共同组织的培训活动。

政府与企业联合制定现代学徒制标准。政府参与现代学徒制标准制定的目的是：确保学徒个人的职业发展需要，防止企业在制定现代学徒制标准和提供学徒岗位时，仅考虑企业自身的利益，而忽略学徒的个人发展需求。作为现代学徒制的重要出资方，政府不仅要为学徒的脱产培训支付经费，同时还要为学徒在企业中的培训支付经费。

（三）以能力为基础的培训与考评

在英国现代学徒制中，学徒完成学习培训是以其达到一定的能力要求为标准的。英国现代学徒制下的学徒培训和学习考评强调的是职业能力，而非理论知识。

英国的现代学徒制培训体系与英国国家职业资格证书体系是相对应的。在英国现代学徒制教学培训框架的三大要素中，能力要素是核心要素，其他两个要素均是围绕着这一核心要素设计的。英国现代学徒制强调培训的结果，即学徒完成培训是以其取得教学培训框架中规定的各类证书为依据的；对学徒的考评方式不以传统的书面考试为主，而注重对学徒实践能力的测试；考评经常在工作场所进行，并且采取多次考评的形式，以正确判断学徒真正的职业能力。

（四）体现终身学习的理念

英国现代学徒制下的培训没有规定参加者的年龄上限，而且分层的学徒制满足了不同职业技能层次学习者的学习需要。英国政府不仅鼓励刚毕业的青年人参加培训，还鼓励已就业的人参加培训。实际上，参加英国现代学徒制培训的学徒大多是已就业的人。因此，英国现代学徒制下的职业教育已不仅仅是一种初级入门的职业教育，更是一种针对成年人的职业继续教育。

第三节　澳大利亚新学徒制

澳大利亚于 1998 年正式实施新学徒制。新学徒制中包含了澳大利亚的传统学徒制和受训生制，其实质是把实践工作与有组织的培训结合起来，将实际操作与层次分明的培训课程进行有机地结合。培训期满时，学徒可获得全国认可的学历资格证书。

一、澳大利亚学徒制的发展

自 20 世纪 70 年代以来，澳大利亚联邦政府大力发展学徒制，不断推行重要的学徒制改革，如 1973 年的"国家学徒制支持计划"和 1998 年的新学徒制改革等。当前，澳大利亚的各种学徒制都被统一在了新学徒制的框架下。

一系列的改革使澳大利亚新学徒制取得了令人瞩目的成绩。澳大利亚新学徒制所覆盖的学历资格证书等级非常广，包括了澳大利亚资格框架（AQF）2～6级的各种资格证书，其中的"2～6级"相当于我国的"初中至专科"的学历层次。学徒制和受训生制是澳大利亚新学徒制的两种基本类型。其中，学徒制培训通常在传统行业中开展，入门级水平至少为资格框架的3级或4级，培训时间通常为3～4年，较为稳定。而受训生制则以培养服务业学徒为主，资格认证水平通常在2级和3级，培训时间为1～2年，稳定性较差。

在这两种基本类型的框架之下，澳大利亚还开发了"兼职学徒制""学校本位学徒制"等新的学徒制类型。兼职学徒制培训面向兼职就业者，由于兼职工作的性质，兼职学徒制的培训周期相对较长。学校本位学徒制也是一种兼职性质的学徒制类型，学徒的在岗培训仍在企业完成，只是企业培训的时间较短。

澳大利亚新学徒制培训的内容范围非常广，从传统行业到新兴服务业，共覆盖了500多种职业。15岁以上的人都可以参加澳大利亚的新学徒制培训，包括毕业生、在校生、成人求职者和在职员工。

据澳大利亚媒体报道，当年澳大利亚新学徒制培训班中有13名学徒超过了70岁，年龄最大的学徒为77岁。不同职业和行业的学徒性别分布差异很大，但分布特点与行业、职业从业者的性别偏好是一致的。比如，汽车、建筑行业的学徒以男性为主；美发、护理、行政的学徒以女性为主。

澳大利亚是联邦制国家，各州和各领地高度自治。因此，虽然新学徒制是澳大利亚联邦政府层面的专项改革计划，但是各州在专项改革计划的执行上仍有很大的自主权。以学校本位学徒制为例，新南威尔士州和西澳大利亚州没有规定学徒的最少工作时间；维多利亚州要求学徒每四个月的周平均工作时间至少为13小时。

澳大利亚新学徒制的实施方式也非常灵活。受益于澳大利亚职业教育的"用户选择"策略，雇主和学徒可以自由选择提供脱岗培训的注册培训机构。通常的做法是在雇主和学徒达成学徒培训意向后，由他们共同选择一家注册培训机构，三方经过沟通协商，再共同制订并签订一份专门为雇主和学徒订制的培训计划。只要能达到培训包的能力要求，注册培训机构和企业之间的分工，具体的教学内容和教学方式的选择等，都可以由他们自行决定。

除了雇主直接招聘学徒的模式以外，澳大利亚还创设了"集团培训公司"的学徒招聘模式。集团培训公司在本质上是一种中介机构，它们直接招聘学徒，然后把学徒派遣到相关企业（以小微企业为主）工作，同时也把脱岗培训外包给职业学校。

在这一模式中，与学徒产生雇佣关系的是集团培训公司，由集团培训公司向学徒支付工资，企业则向集团培训公司交付服务费。该模式解决了小微企业难以单独完成学徒培训、不愿承担雇佣风险的问题。英国当前新推行的"学徒培训中介"模式就是这一模式的翻版。

澳大利亚新学徒制的评估认证方式也非常灵活，该评估认证方式强调能力本位和模块化。评估以培训包中的各能力单元为基础，没有统一的形式要求。学徒每完成一个能力单元的学习且通过考核，就可以获得相应的"完成证明"。

学徒还可以通过"先前学习认可"和"当前能力认可"的方式直接获得"完成证明"。当学徒获得了某一资格认证要求的所有能力单元的"完成证明"时，就可以向各州培训局申领这一资格认证。

二、澳大利亚新学徒制的实施

澳大利亚新学徒制由澳大利亚联邦政府和企业共同管理，其具体实施模式主要有三种，即针对学徒/受训生的需要实施；按照相应的标准、方案实施；由企业和注册培训机构共同实施。

（一）基本体系

澳大利亚新学徒制包括学徒制和受训生制两种基本类型。

通过参加新学徒制培训，学徒可以获得澳大利亚资格框架（AQF）中从2级到职业教育高级文凭的资格证书。另外，为了促进现代学徒制在澳大利亚的发展，澳大利亚联邦政府还在新学徒制体系上做了一些创新，主要表现为：不设置学徒年龄上限；开发兼职学徒制项目和学校本位学徒制项目。虽然项目类型较多，但所有的学徒制项目都需要有三个核心要素：雇佣关系、高质量的在岗和脱岗培训、技能的可迁移性。

（二）管理机制

在澳大利亚，负责职业教育事务的部门是教育、就业与工作场所关系部，各州和各领地的主管部门则是州培训局和领地培训局。澳大利亚联邦政府建立了由各州、各领地负责职业教育与培训的部长组成的职业与技术教育部长委员会，它负责制定职业教育的发展战略和规划，并协调处理跨地区的职业教育问题。该委员会下设国家质量委员会，国家质量委员会的成员由来自政府、行业团体、工会、雇员组织和培训机构的代表组成，负责职业教育管理的具体事务。

对新学徒制的具体管理工作，则由各州、各领地的培训局负责。培训局的职责包括制定学徒制和受训生制的发展战略规划，以及对培训机构进行注册管理、审批学徒培训合同、保障培训质量、提供和管理相关经费等。

国家产业技能委员会及其十一个具体的产业技能委员会负责管理新学徒制。它们的职责是收集产业培训需要的信息，开发培训包，提供培训实施建议，向职业教育行政管理部门提供政策建议等。

澳大利亚学徒制中心是最基层的服务机构，该机构直接面向雇主和学徒，提供与澳大利亚新学徒制相关的一切服务，包括为学员提供拟从事行业的相关资料，寻找合适的雇主或学徒，签订培训合同，协调雇主与学徒的关系等。

学徒的脱岗培训由注册培训机构提供。培训机构开设各种认证课程都必须依据澳大利亚质量培训框架提出申请。注册培训机构既可以是公立的，也可以是私营的。雇主和学徒可以自主选择由哪家注册培训机构来为自己提供脱岗培训服务。

（三）实施模式

典型模式。学徒和雇主达成雇佣意向后，在学徒制培训中心签订培训协议，中心向双方提供合同签订过程中所需要的所有帮助。合同签订后的10日内，中心要将合同提交到所在州或领地的培训局。

雇主和学徒共同选择一家注册培训机构，然后学徒到注册培训机构面试。学徒、雇主和培训机构进行协商沟通后，三方签署培训计划，明确培训目标和培训的能力单元，以及三方的权利和义务。之后学徒培训按照培训计划正式开始，培训活动在企业和培训机构之间交替进行。

当学徒完成培训时，雇主向培训机构或所在州、领地培训局提供学徒的岗位能力证明；培训机构向学徒颁发职业资格证书，如果只完成资格框架中的部分能力单元，则颁发这些能力单元的"完成证明"；州或领地培训局向学徒颁发能力证书。在州或领地培训局完成培训后，雇主就可以获得"新学徒制完成激励经费"。

（四）教学安排

培训标准与方案。新学徒制的培训标准就是澳大利亚培训包，它由产业技能委员会开发，并不断地进行修订和更新。培训包的核心内容是能力标准、资格和考核评估指南。此外，还包括学习策略、评估材料、职业发展材料等辅助材料。每个培训包都规定了具体的"能力单元"及其组合规则。培训包是一种"基于结果"的规范策略，它对培训的评估时间、评估形式、评估方法等都不加以限制。因此，这些内容培训机构可以自行决定。

注册培训机构在与雇主、学徒商议后，会制定具体的培训方案。培训方案明确了具体要培训的能力单元、先后顺序、组织分工、评估计划等内容，它是教学实践层面的具体方案。

教学活动。教学活动按培训方案有序开展，通常学徒每周会有 4 天在企业工作，有 1 天到注册培训机构进行脱岗学习。企业的在岗培训内容以实践技能为主，注册培训机构的脱岗学习以理论知识为主。在学习过程中，雇主要记录学徒的学习情况。注册培训机构和澳大利亚学徒制中心会定期走访企业和学徒，确认培训按照方案进行。

此外，澳大利亚新学徒制还遵循"先前学习认可"和"当前能力认可"的原则，即当学徒有证据证明自己先前学习过相关内容或已经具备相应能力时，可以直接获得培训包中相应能力单元的"完成证明"，而不需要进行重复培训。

考核认证。学徒每完成一个能力单元的学习且通过考核，就可以获得相应的"完成证明"，当学徒获得某一资格认证所要求的所有能力单元的"完成证明"时，就可以获得这一资格证书。

三、澳大利亚新学徒制的特点

（一）强有力的政府领导与扶持

澳大利亚传统学徒制的发展、变革以及受训生制的建立都离不开其政府的领导与扶持。新学徒制的建立与发展，首先也要归功于澳大利亚联邦政府的大力扶持。因为澳大利亚的新学徒制是从英国移植过来的，澳大利亚历史上没有学徒制，所以，许多澳大利亚企业开展学徒培训的意愿非常低。再加上对技术移民政策的依赖，许多企业也不愿意参与技术人才的培养。在这样的背景下，为了发展以企业为主体的新学徒制，澳大利亚联邦政府加强了对企业的领导，大力扶持学徒制培训机构，实施了经费激励策略。此外，澳大利亚政府还加大了学徒制培训的宣传力度，如评选年度最佳雇主、最佳学徒、最佳培训机构，邀请知名企业家和成功的学徒担任澳大利亚新学徒制形象大使等。

（二）教学培训方式灵活

澳大利亚新学徒制体系较为庞大，项目类型众多，培训对象覆盖面非常广，15 岁以上的任何人都可以参加，包括毕业生、在校生、在职员工等。澳大利亚新学徒制培训的开展范围非常广，从传统行业到新兴服务业，涉及 500 多种职业。在这样的背景下，澳大利亚学徒制的培训方式也更加灵活。

结合培训包的要求，学徒可以依据"先前学习认可"和"当前能力认可"的原则，直接获得能力单元的"完成证明"，还可以通过组合不同途径获得的"完成证明"的方式来获取相应等级的资格证书。

（三）服务体系以用户为中心

澳大利亚学徒制中心遍布各州、各领地，中心为企业和学徒提供了"一站式"服务。为了提高脱岗培训的质量，在注册培训机构的选择上，澳大利亚政府引入了"用户选择"的竞争机制。企业和学徒也可以自行选择注册培训机构，这就促使注册培训机构不断提高自身的教学质量和服务水平。

第四节　美国注册学徒制

在美国，学徒要在相关管理部门进行注册备案，取得注册凭证的学徒会受到法律的保护和相应的管理部门的监督。美国现代学徒制也因此被称为注册学徒制。经过近 80 年的发展，美国注册学徒制形成了相对完善的管理体制，以及相对合理的内部运行机制，并已成为当今美国就业人员获得教育和职业培训机会的重要途径之一。

一、美国注册学徒制的基本情况

20 世纪初期，美国现代学徒制，即注册学徒制诞生。注册学徒制产生的直接原因是 20 世纪 30 年代美国经济复苏战略对人才的需求。1933 年 6 月，时任美国总统的罗斯福签署了《国家工业复兴法》。

在该法律的框架下，美国各工业协会和国家复兴管理局共同协作，并制定了各种行业规范，以管理相关行业的竞争、薪酬发放、工作条件以及产品与服务质量。其中，建筑等行业形成了一系列关于管理该行业学徒制的规则。

1934 年，学徒制联邦委员会成立。美国成立该委员会旨在进一步加强对相关行业注册学徒制的规范管理。1937 年，美国国会通过《国家学徒制法》。在该法律的要求下，国家咨询委员会成立，其主要负责研究和起草关于注册学徒制的最低标准。同时，该法律还授权劳工部在各州的配合下监督国家注册学徒制系统的运作，取缔注册学徒制中存在的种族、宗教、性别、年龄等方面的歧视。在《国家学徒制法》的影响下，美国各州纷纷颁布各自的学徒制法规，建立相应的学徒制管理机构（如学徒制委员会、州立学徒制事务局等）。由此，美国现代意义上的注册学徒制有了相应的法律法规的支持和保护。

从 20 世纪 50 年代开始，美国注册学徒制不断发展、完善，这种发展与完善主要表现在注册学徒制对理论学分的认可，以及受众群体的扩大、课程领域的拓展、法律法规的修订等方面，每一次变化都为注册学徒制增添了新的内涵。

二、美国注册学徒制的实施

注册学徒制是指经过注册的学徒按照既定的培训计划，在讲师和技术工人的监督指导下，学习理论知识和生产技能，同时参加生产劳动，从而获得"熟练工种"资格认证和相应的岗位就业机会，以及进入更高层次学校继续学习的资格的一种职业教育方式。美国注册学徒制的成功实施主要依赖其内部机制的有序运转。注册学徒制的内部机制主要由学徒、企业雇主、社区学院、州立学徒制事务局和一站式就业指导中心五个基本要素组成。这些要素在美国注册学徒制法规和劳工部的监管下各司其职，共同协作并制定注册学徒制的课程计划。

（一）学徒工

美国注册学徒制一般要求学徒申请者在 16 岁以上（危险职业必须在 18 岁以上），拥有高中毕业文凭或同等学力。但实际上，大多数学徒的注册年龄为 25 岁左右。大多数的学徒往往是拥有一定的操作技能或其他目标职业相关技能的中学毕业生，也有部分大学毕业生、失业人员、转业人员等。其中，2/3 的学徒来自建筑和制造行业，1/3 的学徒来自电子、服务、公共管理、医疗保健等行业。

依照工种的不同，美国注册学徒制规定的学徒期为 1 ~ 6 年，通常为 3 ~ 4 年。学徒的培训工作由企业和学校共同承担，培训的全过程即"现场操作"和"理论学习"相结合的过程。学徒每年大约要完成 2000 小时受监督的在岗培训和至少 144 小时的理论学习任务。学徒在学习技能的同时为雇主工作，并获得相应的劳动报酬，学徒期第一年的报酬一般为熟练工工资的 40% ~ 50%，之后逐年上升，最高可达 90%。

培训结束后，职业能力通过注册学徒制管理部门的认可后，学徒才可以结业，并取得州学徒制事务局或劳工部颁发的职业资格证书。此外，如果完成了所有的培训任务，同时也修足了相应专业的理论课程学分，学徒还可以获得一个两年制或四年制的学位。

（二）企业雇主

企业根据事先的协商结果、相关规定与学徒工签署协定，并在州立学徒制事务局或劳工部学徒制办公室备案。企业参与制订注册学徒制课程计划，根据自身的需求提出具体的课程设计或规划方案。在具体开展培训活动的过程中，企业起主导作用。企业不仅要负责全部的在岗培训，还要对学校的理论课程教学进行指导。在开展在岗培训活动时，企业会分配一个技术工人作为学徒的师傅，指导学徒进行现场操作。

注册学徒制的经费主要来源于企业雇主，其余部分经费由工会承担，很少直接来自政府。企业雇主资助学徒制的动力主要是其可以培养满足岗位需求的熟练技术工人，节约用人成本，成为学徒工培训的受益者。

（三）社区学院

公立社区学院是为学徒工提供理论课程教学的主要教育机构，此外还有部分四年制普通大学、技术学院、私立学校以及社会团体等。社区学院按照相应注册协议的规定，并根据企业雇主与学徒工的需求，提供相应行业专业领域的理论课程教学支持，主要包括数学、图纸阅读、应用英语等基础课程以及与特定岗位相关的高级技能课程。

理论课程教学活动一般在社区学院的教室或实验室进行，与企业的在岗培训同步交替进行，通常安排在工作日的夜间或休息日的白天，一般每周要进行 4 ~ 6 小时。理论课程的教学对授课教师的要求要更高一些，授课教师不仅要具备相应课程的理论知识，还要掌握相应岗位的操作技能。学徒在社区学院学习期间的学杂费和教材费等，由企业雇主资助。

此外，在注册学徒制管理部门给学徒颁发结业证书的同时，社区学院还要为修满相应专业理论课程学分的学徒提供申请副学士学位的机会。

（四）州立学徒制事务局

州立学徒制事务局负责协调劳工部与本州注册学徒制培训活动的开展，负责本州学徒制协议的注册、结业证书的发放等工作，同时负责组织企业与学校等机构共同制定不同行业领域的学徒制课程方案。未设立该机构的州，其相应工作由劳工部学徒制办公室负责。

根据相关的法律规定，学徒制协议必须在州立学徒制事务局备案。协议需要对学徒学习的技能、课程的选择、熟练工与学徒的比例，以及在不同阶段的薪资等进行详细规定。协议各方在州立学徒制事务局的监管下按规定完成各自应尽的职责与义务。

（五）一站式就业指导中心

一站式就业指导中心是附属于学校或社区的就业服务中心。作为职业咨询服务部门，它是提供个人就业指导和单位招聘服务的信息集散地和枢纽。美国大部分州都有若干个一站式就业指导中心，有的设在大学或社区学院，有的设在当地社区。

在一站式就业指导中心的协调下，企业雇主和学徒个人可以建立更加透明的关系。

三、美国注册学徒制的特点

作为现代意义上的学徒制，美国注册学徒制在沿袭传统学徒制企业实践培训优点的基础上，与学校合作，实现了学徒理论水平与实践技能的双重提高，以及学位证书与职业资格证书的"双证书"制的确立。完成注册的学徒还能受到法律的保护和相应管理部门的监督。这些都使注册学徒制有了顽强的生命力。

（一）强化规章制度建设

注册学徒制培训涉及很多利益相关者，如学徒、企业雇主、劳工组织、劳动力管理服务机构、教育部门等。为了明确参与各方的责任，平衡各方的利益，美国从管理实施层面到技术资源层面，都围绕注册学徒培训制定了一系列的规章制度，且这些规章制度的制定遵循自下而上、不断修改的规则，充分考虑各方的利益。可以说，完善的规章制度是美国注册学徒培训长期吸引各方参与，并使各方受益，进而取得成功的重要前提条件。

（二）发挥企业主导作用

美国的注册学徒培训是由企业主导的，在职业领域广泛开展的培训。在注册学徒制课程计划的制订、经费资助等多个环节，企业雇主均深度参与其中。企业不仅要负责组织全部的在岗培训活动，培养学徒的专业技能，还要对学校的理论课程教学进行指导。

第七章 我国现代学徒制的发展概况

第一节 现代学徒制概述

通过回顾职业教育的发展历史可以发现，无论是在国外还是在国内，最早的职业教育形式都并非学校教育，而是某种形式的现场教学。其中，流传最广的就是"学徒制"，一直到近代，学徒制都是最重要的职业人才培养方式之一。

一、学徒制的演变过程

学徒制有时也被称为"传统学徒制"或"手工学徒制"，其中，"传统学徒制"指的是在近代学校教育出现之前，手工作坊或店铺中师徒共同劳动，徒弟在师傅的指导下习得知识或技能的一种活动，其本身就是一种古老的技能传承方式。"手工学徒制"是一种情境性的学习方式，在实际的生产过程中，师徒共同劳动，徒弟在师傅的指导和影响下学习，逐步掌握相关技能并获得实际工作经验。它的突出特点是由掌握某类技术的"师傅"直接将技术手把手地传授给"徒弟"，这就是早期的职业教育。受政治、经济和文化的影响，各国的学徒制在发展后期开始呈现出不同的特点。

学徒制不是国外的"专利"。自古以来，学徒制培训一直是我国传承技术的主要手段之一。我国古代的很多技术都是以"师傅带徒弟"的形式保存至今的。到了隋唐时期，官营手工业的发展促进了学徒制度的完善，政府通过开设机构等方式来管理主要的手工业部门，要求不同工种的工匠必须接受九个月至四年不等的技术训练。到了近代，社会各行各业都有众多学徒群体，并且学徒教育在职业技术教育中发挥着重要的作用。到了现代，尤其是中华人民共和国成立后的十年间，我国新型的技术工人有90%以上都是通过传统的学徒制培养出来的。1958年以后，我国曾进行过多次半工半读的教育实验，这其实就是对传统学徒制的探索。改革开放后，技术工人培训制度逐渐从学徒制过渡到半工半读的培训制度，并最终形成了独立的、规范的高职院校教育制度。

二、现代学徒制的作用

现代学徒制作为一种新的人才培养模式，无论是在提高人才培养质量上，还是在促进社会经济发展上，都有明显的优势，能够有效地解决我国当前职业教育发展面临的一些问题。

（一）缓解就业压力

就业问题不是某一个时期单一的社会现象，它是随着社会发展、生产力水平提高、政治环境变迁、人才需求转变等多方面因素的变化而产生的。近年来，就业问题在我国一直比较突出。一方面，中国现阶段存在着大量的新增劳动力需要就业。同时，随着我国教育事业的不断发展，大量人才涌现，而社会对人才的需求量难以在短时间内发生改变，这就导致就业难题的出现。另一方面，就业群体也存在自身的原因，即就业群体的职业价值取向、就业观念、能力、素质不符合用人单位的实际需求所导致的就业问题。

现代学徒制采用校企双方合作的模式培养人才，即通过学校学习与企业岗位培训相结合的模式培养人才。在这种人才培养模式下，学校更注重学生的"工作体验"，通过"在实践中学"的形式使学生在上岗前得到良好的锻炼，提前掌握职业技能，提升职业素养，大部分学生毕业后能被实习企业录用，就业前景比较明朗。

职业院校目前遇到的最大难题是如何培养企业真正需要的人才。现代学徒制是一种政府支持、由企业师傅和高职院校教师共同对学生进行教育和培养、校企深层次合作的现代人才培养模式。现代学徒制能够将学校教育和企业岗位培训有针对性地结合起来，真正实现校企合作，使学校与企业合力培养生产一线需要的技术人才。学生在毕业之后也可以立即到企业就业，进而能够有效地摆脱就业难的困境。

（二）满足人才的发展需要

现代学徒制既有传统的师傅带徒弟的学徒制模式所具备的岗位针对性强的优势，又能通过学校教育充分提高学生的专业水平，为学生以后的发展奠定坚实的理论基础。现代学徒制的最大特点，就是将职业教育与就业市场紧密地结合在一起。学生在学校学习一定时间后，就到企业去实习（由师傅带领着学习）。采用学校学习与企业实习相交替的人才培养模式，有利于学生真正了解工作中到底需要掌握哪些知识，如何运用这些知识解决实际问题。通过这种学校教育和企业实习相交替的方式，高职院校突破了以教材为主、以学校为场所、只靠教师讲解的教学瓶颈。

现代学徒制培养的是既有知识又有动手能力的技能型人才，这样的人才更符合用人单位对员工综合素质的要求。高职院校通过以校企合作为基础，以培养学生的实践能力为核心，采用学校和企业深度融合的人才培养模式，实现了培养更多技能型人才的目标。

（三）促进产教融合

产教融合是职业教育的本质特征，也是职业教育与其他教育形式的最大区别。随着职业教育的加速发展，深化产教融合已经成为我国职业教育发展的重要方向与前进动力。加强产教融合，实施集教育教学、生产劳动、技能训练、科技研发、经营管理和社会服务于一体的职业教育模式，不仅能促进高职院校技术人才的培养，还能将高职院校和企业的研发成果转化为生产力，推动产业转型和升级。因此，加强产教融合对促进职业教育改革具有重要的意义。

现代学徒制的实施，有利于企业参与职业教育人才培养的全过程，是促进产教融合、校企合作的重要途径。现代学徒制在促进产教融合方面具有明显的优势。现代学徒制的实施，必然要以企业深入地参与到高职院校人才培养的各个环节为前提，即需要校企共同制定培养方案、共同实施人才培养方案，校企双方各司其职、各负其责、分工合作，共同完成对学生或企业"准员工"的培养。从课程开发、教学内容、培训标准、教学方式到师资队伍建设，学校和企业都有话语权。这样，企业能够将其对人才的要求及时地表达出来，学校也能够按需培养人才，及时调整教学内容和教学模式。在这样的合作前提下培养出来的学生能够充分满足产业发展的实际需要，高职院校的人才培养方向也能紧跟劳动力市场的变化趋势。

简言之，现代学徒制是将学校科研成果应用于实践的最好渠道之一。现代学徒制为学生提供了创新的平台和空间。学生在企业学习和实践，可以为企业带去先进的理念。优秀的学生留在企业工作，可以为企业注入新的活力，从而为企业的进一步发展奠定人才基础。

（四）节约资源

在我国教育事业的发展过程中，资金不足一直是制约教育事业发展的一个重要因素，尤其是职业教育方面。在现代学徒制体系下，学生有实习工资，或者由企业分担部分教育费用，这样既节省了教育资源，也减轻了学生的经济负担。由于企业承担了部分学生的培养费用，并为人才培养提供了实践平台，因此，学校的教学成本得以适当降低，节约了学校的教学投入。

现代学徒制对企业资源的节约也有很大帮助。首先，实施现代学徒制能够帮助企业节约培训成本。经过现代学徒制培养出来的学生进入企业以后，可以直接参与企业的实际生产与经营活动。因为学生本就是企业和学校一起培养出来的，因此，他们熟悉企业的具体工作，了解企业文化，对岗位的适应能力较强，能够迅速地融入企业，为企业节约了大量的新人培训成本。其次，在现代学徒制体系下，企业能够节约大量的招聘成本。在现代学徒制体系下，招生即招工，企业可以将合作院校的学生看作是"准企业学徒"。学徒毕业以后，企业可以根据实际需求和学徒的表现，制订合理的用人计划，让广大学徒在企业中施展自己的才能，为企业的发展做出贡献。在这种模式下，企业一般不需要再去专门招聘人才，节约了招聘成本。最后，在现代学徒制体系下，企业可以节约较多的人力成本。学徒在企业学习的过程，其实也是为企业创造效益的过程。同时，他们的报酬低于正式员工，在企业用人紧张的时候，与企业合作的高职院校能为企业提供大量的人才，为企业解决人力资源紧缺的难题，对于企业来说，这样的人才"性价比"极高。

总之，现代学徒制职业教育人才培养模式，在提高人才培养质量、节约资源等方面，都有明显的优势。尤其是在解决我国当下职业教育面临的问题上，其优势更加明显，值得我们对其进行深入的研究和探索。

第二节 现代学徒制在我国的发展

现代学徒制作为职业教育的一种形式，具有较强的人才培养功能和较高的人才培养效率，逐渐成为很多国家人力资源开发的重要战略。

一、我国高度重视现代学徒制的发展

现代学徒制打破了由学校单独培养人才的旧格局。这种学徒制把在现代企业中的生产实践学习与高职院校中的知识学习紧密地结合起来。结合的目的是给现代企业提供满足其发展需要的技能型人才。

二、现代学徒制在我国的发展

近年来，我国高度重视现代学徒制的发展与研究，有些地方和学校也在现代学徒制的推广上进行了积极的探索和实践。

（一）"订单式"培养模式

一般认为，职业教育的"订单式"培养是指用人单位与培养单位签订用人协议，双方共同制订人才培养计划，充分利用双方的有利资源，共同参与人才培养过程，实现人才培养目标，最后由用人单位按照协议中的约定安排学生就业的合作办学模式。可见，职业教育的"订单式"培养是一个复杂的过程，涉及各方面的因素。"订单式"培养模式的主要内涵体现在以下方面：

首先，在培养人才的过程中，所有活动均由校企双方共同商定。企业与学校签订用人协议，从培养方案制定到培训计划，参与实施的整个过程。

其次，"订单式"培养模式涉及三个主体，即学校、企业和学生，三方主体在主观意愿上的一致性是校企合作的基础。

最后，"订单式"培养的关键是实现人才的"按需培养"。其核心和最终目的是提高学生的职业技能水平，这也是衡量"订单式"培养模式成功与否的基本标准。企业作为市场主体，制定人才培养的具体目标，并参与教学的全过程，学校和企业共同制定培养方案，结合企业各岗位的用人需求开展教学活动，学生毕业后可以直接到企业工作。

学校根据企业对专业技术人才的需要，开展"订单式"教育，主要做法有两种：一是学校和企业共同签订"人才供求"合同，学校按企业的要求进行招生，实施定向培养；二是吸引企业进校举办人才招聘会，学生面试通过后，再有针对性地开展教学活动。

"订单式"培养模式增强了企业人才队伍的稳定性，为企业组建一支高素质的职工队伍奠定了基础。校企合作有利于提高教师的专业水平,对学校的发展具有重要的指导意义。

(二)"2+1"人才培养模式

"2+1"人才培养模式是我国在职业教育实践中摸索出来的一种职业教育模式,主要是指学生前两年在学校进行理论学习,后一年到企业顶岗实习,同时学习专业课内容,结合生产实际选择毕业设计题目,并在学校、企业指导教师的共同指导下完成毕业设计的人才培养模式。"2+1"人才培养模式的实质是利用学校和企业两个育人主体来培养社会需要的人才,使学生毕业后成为企业需要的技能型人才。

"2+1"人才培养模式需要依靠学校、企业和学生三方的互动,才能实现优势互补、资源共享、产学结合、共同发展的目标。在"2+1"人才培养模式下,学校不断派学生去企业顶岗实习。"2+1"人才培养模式能够有效地解决职业教育中实践教学环节薄弱的问题,提高了学生的专业技能水平和动手能力,为学生毕业后快速进入工作角色打下了坚实的基础。

在"2+1"人才培养模式下,学生的综合能力和就业竞争力明显提高。职业教育人才培养具有其特殊性,职业教育注重学生的职业技能水平的提高和实践经验的积累。因此,职业能力训练受到职业院校的普遍重视。"2+1"人才培养模式借助企业平台,为学生提供了很好的锻炼机会。教师引导学生将所学知识与实践经验相结合,进而提高了学生的动手能力,激发了学生的学习热情,学生的综合素质得到显著提升。学生毕业以后,有些用人单位会同某些实习学生直接签订劳动合同,让学生继续留在原来的实习岗位工作,解决了学生就业的后顾之忧,同时也为企业的快速发展奠定了基础。

"2+1"人才培养模式有利于学校的教学质量的提高。"2+1"人才培养模式能够有效促进产、学、研结合。企业和学校可以利用各自的优势,实施"请进来,走出去"的人才培养策略。"请进来"是指企业的技术人员和管理人员直接参与学生的培养,包括制定和实施人才培养方案等;"走出去"是指学校的教师深入企业挂职锻炼,了解企业的生产过程和管理方法,同企业生产人员和管理人员进行充分的交流,有针对性地开展教学工作,将企业先进的生产技术同专业的基础理论相结合,提高自身的教学水平。通过挂职锻炼,教师的综合素养得到了显著提升,进而加快了高职院校师资队伍的建设。

(三)校企联合办学

校企联合办学是许多国家开展职业教育活动的成功经验之一,它是一种以培养学生的综合能力为重点,利用学校与企业两种不同的教育环境和教育资源,采取课堂教学与实训相结合的方式,培养技能型人才。在国家大力发展职业教育的背景下,强化校企联合办学是学校与企业间实现优势互补、互利共赢的一种现实选择。

通过校企联合办学,学校可以充分利用人才优势,与企业在人才培养、技术开发等方面进行广泛的合作,在合作中提高科技成果的产品转化率。这种合作可以为学校带来一定的经济效益,提高学校的办学实力。如果与自己联合办学的企业是知名企业的话,高职院校也可以借助合作方雄厚的实力与品牌价值提高学校的知名度。校企联合办学有利于解决职业教育中存在的教学内容与企业实际生产需求相脱节、重理论轻实践、人才培养方案偏离企业对人才的需求等问题，进而提高校企联合办学的质量。

校企联合办学可以使企业获得自身发展所需要的人才。企业在与高职院校合作的过程中可以说明自己的人才培养意向。校企联合办学可以进一步完善企业的人才结构。企业利用高职院校的教学资源可以进一步提高员工的综合素质，为企业的可持续发展奠定基础。校企联合办学也可以帮助企业树立良好的形象，扩大企业的品牌知名度，进而为企业带来更好的经济效益。总之，校企联合办学对企业的可持续发展具有积极的促进作用。

校企联合办学有利于提升学生的就业竞争力。通过校企联合办学，学校可以在教学期间安排学生在企业的工作岗位上进行锻炼，使学生在实践中有所发现、有所创造，有利于提高学生的动手能力和创新能力。通过校企联合办学，学生既能顺利完成学业，又能积累一定的工作经验，提高自身的就业竞争力。

三、我国在实施现代学徒制中遇到的问题

在探索现代学徒制的过程中，我们发现了一些比较普遍的问题。

（一）学校"热"，企业"冷"

在培养人才的过程中，学校为培养符合企业要求的技能型人才，积极寻求与企业的合作。而出于各种原因，企业参与人才培养的意愿不强，因此，校企合作中便出现了企业投入不大、人才培养计划实施不到位等现象。

现阶段，校企双方信息交流不畅，高职院校难以找到最佳的合作企业。这是因为，在校企合作中，学校更多考虑的是学生，企业更多考虑的是效益，有些企业只知道分配工作，而不愿意制订长期的培养计划，不愿意给实习生提供轮岗的机会，有时甚至没有为实习生配备专业的指导人员。久而久之，学校费了很大周折联系到的合作企业，往往只是一个短期的合作方，不能成为长期的合作伙伴，这给现代学徒制人才培养模式的实施带来了很大的阻力。

有的企业对校企联合办学模式认识不足，认为企业的主要任务是搞好生产与经营，多创造经济效益，培养人才是学校的事，企业不必为此分散精力。在经济条件允许的情况下，企业宁可将资金投到扩大再生产中，也不愿将资金投资到与学校联合开展的人才培养项目中。而且大多数企业在激烈的市场竞争中，已经将大部分的精力花在了扩大生产规模和保住其在市场份额上，难以抽出更多的时间、人力和财力与高职院校一起联合培养企业所需的技能型人才。有的企业虽然认识到校企联合办学是好事，但却认为企业参与校企联合办学的投资大、风险高、战线长，不如直接招聘，且即使培养了人才，也担心留不住。因此，从自身的短期利益考虑，这些企业仍不愿意主动参与校企联合办学活动。

虽然我国职业教育主管部门已通过各种方式鼓励高职院校与企业合作办学；各院校也

积极推行校企合作、工学结合的办学模式。但由于种种原因，作为校企合作办学中的重要一方，企业大多不愿意参与学校的联合办学活动。在"校企合作"人才培养模式中，学校以育人为主要目的，追求社会效益，而企业则以营利为主要目的，追求经济效益，如何消除学校的教书育人和企业的经营活动之间的矛盾，是校企双方需要进一步解决的问题。

（二）教学理念滞后

校企合作、工学结合的人才培养模式改变了传统的以课堂为中心、以教师为主导的教学模式，但实际上，有部分教职员工对校企联合办学的认识不到位，加上自身的惰性，使校企联合办学无论是在形式上还是在内容上都没有突破性进展，以学校或教师为中心的教学模式依然存在，知识与能力并重的教学观没有真正地树立起来，造成学生在学校学到的知识和技能到企业用不上，学校培养的人才不能满足企业的发展需要。

学校也没有建立相应的目标管理、考核和激励制度，导致教职员工参与校企联合办学的积极性不高，对校企合作的负责人缺乏责、权、利统一的管理制度。

（三）合作协议内容不全面

在校企合作模式中，除了学校与企业要签订合作协议外，学校与学生、企业与学生也要签订协议，并明确双方的权利和义务，防止学生与学校、学生与企业之间出现纠纷。学生与学校、企业签订的协议要依据学校与企业签订的协议，不能同学校与企业签订的协议相矛盾。校企合作协议是校企合作的重要依据，一份内容完整、权利义务明确的校企合作协议对校企合作的顺利开展起着重要的作用。校企双方都应该重视校企合作协议，使校企合作朝着健康、互利共赢的方向发展。

（四）学生管理难

在校企合作开展教学活动的过程中，学生管理一直都是一个难题。我国探索现代学徒制的过程中，同样绕不开这个难题。一般来说，学生在刚进入企业的时候往往能够服从安排，遵守企业的纪律，但随着时间的推移，一些学生的新鲜感逐渐消退，开始放松对自己的要求，或者在工作中出现畏难情绪等。

长期以来，学生很少参与社会活动，一直受到学校和家庭的保护，对外面的世界充满幻想。由于企业的工作和生活条件与学校有一定的差距，因此，有些学生出现了不适应的现象。尤其是对整个工作环节熟悉之后，很多学生失去了对工作的兴趣。面对这些既不完全等同于在校学生，又不完全等同于企业员工的特殊群体，如何进行管理是一个棘手的问题。虽然学生身在企业，但仍旧是学校的人；虽然学生是学校的人，但又不在学校，让企业和学校都比较为难。在这个阶段，到底谁来管和怎么管才能产生较好的效果，是一个让各方都头疼但又不得不面对的难题。

第三节 现代学徒制人才培养模式下的校企合作

通过上一节对现代学徒制在我国的发展情况进行探索，不难发现，虽然校企合作的推进目前在我国取得了一定的成效，现代学徒制的探索也取得了一定的成果，但我国在推进现代学徒制的过程中也遇到了一些问题。要进一步加强校企合作，探索现代学徒制在我国的推广路径，以上这些问题是绕不开的，相关企业和学校必须进行认真研究。要有效地解决这些问题，就需要高职院校与企业明确自身的责任，这样才能使现代学徒制更好地位职业教育服务。

一、现代学徒制人才培养的特征

现代学徒制的实施主体具有多面性，它可以把政府机关、学校、企业、教师、师傅、学生等不同主体协调、统一起来。其中，政府机关通过立法保证现代学徒制的顺利进行，同时给予学校、企业等主体一定的财政支持；学校全面参与现代学徒制人才培养活动；企业提供真实的岗位信息，并把师傅、学生的关系确定下来，这也是现代学徒制能够取得良好培训效果的关键。

二、校企合作中的各方的责任

（一）高职院校的责任

第一，合理设置专业，优化专业课程结构。高校的专业设置要以服务社会为出发点，在此基础上不断完善人才培养机制，以企业对人才的需求为导向，结合自身的办学条件，拟定不同的专业课程教学方案，遵循资源优化配置的原则，适当调整教学目标。第二，制定长远的人才培养计划。高校要从社会大环境出发，抓住社会信息化、经济全球化的趋势，把目光放长远，使教师树立培养技能应用型人才的意识，引导学生以解决实际问题为目标，重点培育具有创新精神的学生。第三，建立健全现代学徒制人才培养机制。高校要充分调研、分析企业的人才需求，并根据调研、分析的结果不断调整现代学徒制的教学内容。

（二）企业的责任

企业要承担起制定实训内容、确定学徒岗位等责任。其中，确定学徒岗位主要包括确定学生的岗位、确定日常出勤制度、确定学习和实习考核机制等内容。此外，企业还要提供学校、学生认可报酬。为了满足自身的用人需求，企业在现代学徒制人才培养的专业设置和课程建设方面，要提出自己的方案。这个方案要以企业需求为导向，以当地经济发展实际为基础，以培养企业需要的技能型人才为目标。尤其是随着知识经济的不断发展，企业对复合型人才的需求逐步增加，因此，企业更要在校企合作中加强与高职院校的沟通，积极参与教学活动，利用自身在生产实践方面的优势，帮助高职院校建立校外实践基地，鼓励企业中的技术骨干参与人才培养工作。

三、现代学徒制人才培养模式的课程建设

（一）课程建设的标准和原则

高职教育与普通高等教育有着不同的人才培养目标，但二者在专业知识、岗位技能、职业素养上的教学目标是类似的。首先，高职院校学生在校期间学习的专业理论知识要达到一定的考核标准，也就是我们常说的学分；其次，高职院校学生在毕业之前要拿到相应的岗位职业资格证书；再次，学生在校期间的专业课成绩、职业技能水平要达到岗位的要求；最后，学生的职业素养要达标。这四点共同构成了课程建设的标准，是有力保障企业、学校、学生三方利益的重要前提条件。

现代学徒制通过校企合作的方式培养人才，高职院校教师、企业技术骨干等要积极参与人才培养工作，兼顾学生的知识性和职业性两个方面的需求，科学分析课程框架；紧跟岗位的技术要求开发新的课程标准，设计出符合学生和企业发展需要的教学内容，让学生在实践中得到锻炼，并通过学生的实践反馈及时调整课程的框架，不断更新课程内容。

（二）课程模块化

课程模块主要分为四个方面：一是公共课程模块，包含思想政治教育、心理建设、企业文化等课程，进行该模块中的课程教学是为了提高学生的职业素养、人文素养，使其在以后的工作岗位中能够与企业共同成长；二是专业基础知识模块，这一模块是某一个方向或者某一个行业中各个岗位的人员都需要学习的基础理论知识，包含该专业的知识体系，是必修课程，学生只有完成这部分课程的学习并取得相对应的学分后，才能进入下一个模块的学习；三是具体岗位的基本技能模块，学校和企业要深入研究各岗位的具体用人标准和核心技能标准，开发出多个专业课程模块供学生自由选择，在教学中，学校教师和企业技术骨干要保证学生在学习中的主体地位，充分调动学生的学习积极性，让学生通过顶岗实习来解决其在学习中遇到的问题，这样，培养出来的学生才能满足企业的人才需求；四是学生职业发展规划模块，这一模块着眼于学生的职业发展，高职院校结合学生的兴趣和学生个人的学习、工作情况，为学生提供就业指导，让学生在顶岗实习期间思考更适合自己的职业发展方向，并在此基础上提升自己的职业技能水平。

构建模块化的课程框架要有一个入手点，这个入手点就是高职院校要深入企业进行调研，根据企业的用人需求以及具体的工作内容，确定不同岗位必备的基础技能和核心技能。这项工作完成后，学校和企业要参照国家的职业资格认定标准以及现代学徒制合作企业的用人标准来构建课程框架。课程框架只是一个粗略的结构，要形成课程体系还需要经过一系列的流程，第一是岗位调研，即通过调研明确企业可以为学生提供的实际工作岗位，弄

清楚实际工作岗位的详细工作流程和任务；第二是学生的职业能力分析，即确定学生的综合能力是否与其即将顶岗实习的职位要求相匹配；第三是课程拓展分析，即学生到岗后，可以根据实际的工作情况自主选择的课程内容；第四是课程开设顺序，即根据职业技能由易到难的原则，认真思考并制定教学进度表。

（三）教材编写以及授课方式

课程体系框架制定完以后，就需要有相应的教材来作为授课的基础资料。理论知识的教材可以参照该专业通用的教材来进行选择，企业技术骨干需要用到的教材要尽可能地重新编写。因为企业技术骨干注重实践操作，对于各种理论解释得不够到位。因此，在体现现代化企业管理的基础上，企业技术骨干所用教材的内容要具有较强的针对性。

现代学徒制模式下的课堂教学活动，一般采用工学交替的方式进行。高职院校的教师主要负责讲授理论知识，企业技术骨干主要负责讲授实操技能。此外，企业还会组织内部培训和专项任务培训。

四、完善现代学徒制的实施策略

（一）明确学徒的身份和保障学徒的权益

现代学徒制人才培养模式中学徒有着双重身份。学徒既是学校的学生、企业中师傅的徒弟，又是企业的员工。而在实际的工作过程中，作为学徒、学生时，学徒的权益能够得到很好的保障，而作为在岗员工时，学徒的权益往往无法得到很好的保障。具体来说，在岗期间，学徒的福利津贴是有的，但并不是以员工薪资的形式发放的，而是学校方面通过奖学金或助学金等方式发放的。于是，就出现了学徒在企业顶岗实习期间，工作强度不亚于正式员工，但劳动报酬却相距甚远。因此，在签订合作协议之前，高职院校与企业必须要明确学徒（高职院校学生）在岗期间的身份和权益，如学徒与正式员工应同工同酬。保障学徒的权益是现代学徒制人才培养模式顺利实施的关键环节之一，学校、企业要形成合力，与学徒签订劳动合同，详细说明学徒、企业、学校在人才培养过程中的权利和义务，保障学徒作为在岗员工的权益不受损害。

（二）激发企业参与学徒制职业教育的热情

学校和企业要明确教师、师傅的选拔标准，加强双导师队伍建设。学校在选拔导师时不应只看学历、不看职称，因此，高职院校应与合作企业一起制定选拔方案，并给予导师职称晋升、科研立项、培训进修的机会。企业在选拔导师时，也要明确薪酬待遇，充分激发企业师傅带徒弟的热情。

职业教育的目的是提升学生的就业竞争力，企业的目的是留住人才，创造更大的经济效益。校企合作模式下的现代学徒制人才培养模式兼顾了学校的教学目标与企业的发展需求，是一种比较有效的人才培养模式。学校和企业要从课程开发、教学模式的选择、双导师选拔等方面入手，保证人才培养的质量，为企业培养高素质的技能型人才，进而激发企业与高职院校共同合作、培养人才的热情。

（三）建立完善的校企合作运行管理机制

校企合作运行管理机制的不完善体现在两个方面：一是学校和企业在教学过程中的任务分工不明确。二是校企合作过程中，学校和企业没有构建一个完善的教学体系。高职院校带队实习的教师一般都是青年教师，他们更容易接受现代学徒制人才培养模式，但繁重的工作和与薪资待遇的不对等，打击了教师的工作积极性。企业师傅的选择一般都是以员工的专业技能水平为重要的参考指标，他们缺乏教育心理学知识，对现代学徒制的认识几乎为零，这也会影响学生的实习质量。因此，高职院校与企业要想建立完善的校企合作运行机制，可以尝试从以下两个方面着手：第一，通过规范合作协议等方式，规范校企双方的行为，明确校企双方的工作范围和权利、义务，减少甚至避免出现学生在实习期间成为企业的廉价劳动力的情况；第二，加强"双师型"教师队伍建设，完善双导师制度，提高校企合作模式下的人才培养质量。

第八章 以现代学徒制为基础的顶岗实习教学模式

第一节 探索和实施顶岗实习教学模式的意义

实施以现代学徒制为基础的顶岗实习教学模式是一种新的探索和尝试。以现代学徒制为基础的顶岗实习教学模式，是对传统顶岗实习教学模式的改革和创新。这种教学模式能够解决传统顶岗实习过程中存在的一些问题，能够有针对性地提高顶岗实习的质量，促进顶岗实习教学模式在我国的推广。

一、促进现代学徒制在我国的推广

现代学徒制作为一种新型的职业人才培养模式，已在许多国家取得了显著成效，如英国、德国、澳大利亚、新西兰等。随着我国职业教育的发展，现代学徒制在我国也受到了高度关注。在国家的高度重视下，现代学徒制教学模式在我国取得了一定的成效，促进了现代学徒制在我国的实施。部分院校在政府的支持下，积极开展现代学徒制的各项研究和实践探索工作，这些研究和实践探索工作为我国推行现代学徒制积累了宝贵的经验。同时，从这些研究和探索经验中，我们发现，推广现代学徒制的过程中仍存在一些难题。

首先，在现实中，学校和企业之间容易在利益分配和育人理念上产生分歧。这些分歧要依靠学校和企业自行解决。在校企合作中，学校处于相对弱势的地位，因此，难以保证学生的教学质量，甚至还会出现学生成为企业廉价劳动力的状况，继而引发各种矛盾，导致现代学徒制难以推广。其次，现代学徒制人才培养模式尚未被普遍接受。现代学徒制在我国还是一种比较新的人才培养模式，无论是学校、企业还是家长和学生，对于这种人才培养模式的认识和接受还需要一定的时间。我国自古以来都很重视教育，以课堂教学为主的教学模式在我国根深蒂固。对于学生进入企业并作为学徒参与实际生产过程，部分学生和家长在短时间内难以理解。长期以来，学校和教师习惯于课堂教学，教师缺乏实践经验，学校缺乏于企业合作的经验。现代学徒制的推广让部分学校和教师感到无从下手，难以执行。企业习惯于从社会上招聘人才，缺乏培养人才的经验；企业里没有受过专业授课训练的师傅，缺乏授课经验，缺乏相应的配套机制，在企业实施现代学徒制人才培养模式有一定的困难。最后，学校和企业缺乏深度沟通。学校和企业处于两个行业，二者虽然有一定的交流，但缺乏深度的沟通。学生所学的知识往往和企业的实际用人需求不相符。

这些都是现代学徒制在推广过程中实际存在的问题。面对这些问题，学校和企业需要结合我国的实际情况，探索出适合我国国情的现代学徒制教学模式。顶岗实习教学模式在我国的推广早于现代学徒制，并已被社会各方广泛接受。因此，推广以现代学徒制为基础的顶岗实习教学模式，可以将顶岗实习教学模式作为突破口，即利用社会各方对顶岗实习教学模式的认可，逐步开展现代学徒制人才培养模式的推广工作，通过以点带面的方式，逐步解决现代学徒制在推广过程中存在的各种难题。

以现代学徒制为基础的顶岗实习教学模式是在原有的顶岗实习合作框架下形成的，短时间内难以建立完善的现代学徒制教学体系。因此，我们可以在顶岗实习框架体系下，将现代学徒制人才培养模式融入顶岗实习的教学模式中，这样既能够在一定程度上提高顶岗实习的教学质量，又能够在一定范围内推广现代学徒制人才培养模式，促进以现代学徒制为基础的顶岗实习教学模式在我国的发展。

对于顶岗实习，学校、教师和企业都有着丰富的经验，学校和企业能够有效解决与顶岗实习相关的各种问题，处理相应的突发事件，明确双方的权责，保证顶岗实习顺利进行。因此，这种教学模式更容易被学生和家长接受。

二、创新顶岗实习模式，提高学生的职业素养

现代学徒制是一种行之有效的职业教育人才培养模式。从本质上来讲，现代学徒制是由政府、企业和学校共同推进的一种育人模式，是实现产教融合、校企合作，促进职业教育改革的一种重要的形式。现代学徒制人才培养模式下，学生拥有"双身份"，并接受"双指导"和"双评价"。顶岗实习是职业教育人才培养过程中的一个重要环节。将现代学徒制的这些理念融入学生的顶岗实习过程中，对于创新顶岗实习教学模式，提高人才培养的质量具有重大的意义。

在顶岗实习的过程中，企业参与人才培养的积极性能被充分地调动，企业在人才培养上的责任感和使命感能够被充分激发出来，有利于加强校企合作，避免校企合作出现"学校热、企业冷"的局面。在顶岗实习过程中，学生获得"双身份"，既有利于企业和学校对学生的管理，解决实习过程中容易出现的管理难的问题，又能充分激发学生的积极性。在实习过程中，学生既接受学校教师的指导，又接受企业师傅的指导，这对提高学生的职业技能水平有很大的帮助。在顶岗实习的过程中，学生可以按照岗位和行业的要求，考取相应的职业资格证书。

通过开展以现代学徒制为基础的顶岗实习教学活动，学校和企业可以实现共同的育人目标。企业优先享有学校的优秀人才资源，高职院校可以借此激发企业参与人才培养的积

极性，有利于校企双方在人才培养上进行深度合作。通过开展以现代学徒制为基础的顶岗实习教学活动，学校、企业和学生的利益都得到了保障，高职院校的人才培养质量明显提高，以往顶岗实习中存在的诸多问题也得到了妥善解决。

第二节 以现代学徒制为基础的顶岗实习教学模式的特点

现代学徒制在人才培养上具有独特的优势，对解决现阶段职业教育中的诸多问题具有较强的针对性。因此，深入研究现代学徒制的特点是十分必要的。

一、融入现代学徒制理念

在现代学徒制人才培养模式下，企业与学校能够发挥各自的优势，让学生既能在学校学习专业理论知识，又能在生产环境中学习专业技能，进而培养出更多的技能型人才。

可以说，现代学徒制的核心就是将传统学徒制和现代学校教育两种育人模式进行组合，形成的一种全新的育人模式。这种全新的育人模式，实现了人才培养主体的多元化。在这种全新的育人模式下，学校和企业作为人才培养的双主体共同存在、相互配合，高职院校在为企业输送技能型人才、促进企业发展的同时，也促进了职业教育的发展，促进了社会经济的发展和产业的转型升级。

顶岗实习教学模式和现代学徒制的结合需要通过校企合作的形式来实现。顶岗实习在实施过程、管理方式等方面和现代学徒制有一定的共通性。由于在顶岗实习的过程中，企业更多的是扮演辅助教学的角色，因此，顶岗实习尚未摆脱以学校为单一主体的育人模式，企业在育人上的主动性尚未被充分地调动起来。在顶岗实习教学模式中融入现代学徒制理念，就是要充分调动企业参与人才培养的积极性。

二、现代学徒制的特征

现代学徒制是对传统学徒制和现代学校教育制度的重新组合，其主要特征是在学校和企业的深度合作下，双方共同培养人才。以现代学徒制为基础的顶岗实习教学模式的优势具体体现在以下几个方面：学校招生就是企业招工，学生既是高职院校的学生，又是企业的学徒，两种身份相互交替；校企共同负责培养学生（学徒），共同组建师资队伍，共同制定培养方案、人才培养模式，共同完成对学生的考核评价；在整个人才培养过程中，校企双方既各司其职，又各专所长，相互联系、相互支持，分工合作，共同完成对学生（学徒）的培养。作为职业教育中的一种重要的人才培养方式，以现代学徒制为基础的顶岗实习教学模式充分体现了劳动力市场与职业教育的关系。从总体来看，它在人才培养上具备"双主体""双身份""双导师""双评价"四个重要特征。

通过顶岗实习，学生能够提前进入企业接受职业化训练，提高实践能力、创新能力和职业技能水平。在当前职业院校大多实施"2+1"人才培养模式的形势下，顶岗实习已经成为开展现代学徒制试点工作的主要途径。

1. "双主体"与"双身份"

"双主体"指的是学校和企业都是岗位实习教学模式的实施主体，他们共同承担着人才培养的任务，共同成立校企联合培养组委会，共同制定人才培养方案，共同制订顶岗实习计划。"双身份"指学生既是学校的学生又是企业的学徒。

在顶岗实习期间，学生的身份是双重的。尚未从学校毕业的学生，仍要接受学校的管理，且顶岗实习是整个学校教学育人活动中的一个重要环节；作为企业的学徒，企业会按照试用期的标准来培养学生；未正式进入企业工作，但在企业顶岗实习的学徒，仍需接受企业的培训和管理。

2. "双导师"

"双导师"指的是来自学校的教师和来自企业的师傅。学生在顶岗实习期间，不仅有来自学校的专业课教师作为指导教师，还有来自企业的技术骨干员工作为师傅，为学生传授在工作中需要熟练掌握各项技能。在以现代学徒制为基础的顶岗实习教学模式下，学生在实习的过程中，专业课教师作为指导教师，会和学生一起进入企业，指导学生的实习。同时，企业会选择责任心强、技术过硬的员工作为学生的师傅，负责学生的职业技能指导工作。学生在实习期间，接受的是校内指导教师和企业师傅的"双指导"。

现代学徒制理念使职业院校的教学模式发生了质的变化。为了实现对学生的"双指导"，校企双方必须加大师资队伍的建设力度。

校内指导教师不仅要具备扎实的专业基础知识，还要熟悉其所教专业所对应的主要职业以及从事相应工作必备的技能，具备较高的职业技能水平。这就要求学校的专任教师到企业进行实践和锻炼。学校的教师在完成日常教学任务的基础上，应与顶岗实习生一起深入企业一线；高职院校应与企业合作建立教师顶岗实践基地，安排教师轮流到企业进行顶岗实践，并要求教师与顶岗实习生一起参加职业资格考试。每名教师都必须具有相关专业的职业资格证书，这样不但能提高教师的教学水平，而且能充分发挥"双师型"教师在职业教育中的重要作用。

企业中的师傅是对学生进行实践指导的关键角色之一，高职院校要有计划地组织他们进行职业教育教学理念和教学方法的学习，使其具备先进的职业教育教学理念，掌握先进的教学方法，提高他们的执教能力，使其能在实训中更好地指导学生。同时，企业中优秀的师傅，可以作为学校的兼职教师，从一线技术岗位走进教室参与日常教学，讲授一些专业教师很难讲清楚的核心技能。

企业中的师傅与校内指导教师组成的"双导师"团队，共同完成对顶岗实习生的指导和培养。这样既能保证学生在企业实习的效果，又能提升校内指导教师的职业技能和企业师傅的理论水平。

学校教师和企业师傅要积极合作，根据企业、行业的职业技能标准，共同对专业技术进行分解，制定专业人才培养方案，制订授课计划。

3."双证书"

"双证书"即学历证书和职业资格证书。学历证书主要反映学生在校学习的经历，是对学生理论知识水平的证明。职业资格证书是反映劳动者具备从事某种职业所需要的特定技能、专业知识和工作经验的证明。与学历证书相比，职业资格证书能够更直接、更准确地反映劳动者从事这种职业的能力。

在现代学徒制的框架下，高职院校要与合作企业一起，建立以目标考核和发展性评价为核心的学习评价机制，促进学生全面发展。对学生的评价要涵盖学校和企业两个层面的培养内容，充分反映学生在各个学习环节和实践环节的综合表现。

高职院校教师与企业中的师傅要共同引导学生在毕业时获得学历证书和相应的职业资格证书，确保校企合作模式下培养出的学生不仅具有一定的专业理论知识，还具有社会认可的职业技术能力。学生在进入企业实习期间，企业要通过具体岗位对学生进行锻炼和培养，并引导学生参加相关的职业技能考核、获得相应的职业资格证书，或者获得相应岗位的上岗证书，使学生的工作能力得到认可。

在具体实践的过程中，参与顶岗实习的学生，在实习结束后必须根据企业和学校的安排，进行岗位实践，参加相关的职业资格证书考核。"获得职业资格证书"应被纳入顶岗实习考核范围，并作为一个重要的考核项目。

第三节　以现代学徒制为基础的顶岗实习教学模式的内容及优势

顶岗实习的模式多种多样，对于不同的顶岗实习模式的教学内容和优势，各个学校根据自身的实际情况进行了相应的总结。西安铁路职业技术学院实施的以现代学徒制为基础的顶岗实习教学模式，充分融入了现代学徒制的理念，实习过程充分体现了现代学徒制的特征。在此基础上，西安铁路职业技术学院形成了一套较为完善的顶岗实习管理和考核评价制度，这是对顶岗实习教学模式的一次成功探索和创新。

一、基于现代学徒制的顶岗实习教学模式的具体内容

西安铁路职业技术学院实施的顶岗实习教学模式，也被称为"三三三"制顶岗实习模式，该教学模式结合了该学院的特点和其专业优势，体现了西安铁路职业技术学院的特色，其具体的教学内容可以概括为以下三个方面：

"三三三"制顶岗实习教学模式中的第一个"三"指的是顶岗实习教学模式的人才培养目标。具体是指通过顶岗实习，提高学生的实践能力和创新能力。在对实习目标的认识上，"三三三"制顶岗实习教学模式摆脱了过去注重实践能力，而忽略学生的创新能力和职业素质的思维模式，做到既重视对学生的实践能力的培养，也重视对学生的创新能力和职业素质的培养。"三三三"制顶岗实习教学模式下培养出来的学生不仅具有一定的动手能力，而且还具有较强的创新能力。

"三三三"制顶岗实习教学模式中的第二个"三"指的是顶岗实习教学模式的实施方式。这种顶岗实习教学模式采用"三方受益、三方联动"的实施方式，即充分抓住企业、学校、学生利益的结合点，充分调动企业、学生和学校的合作愿望，实施三方利益兼顾、三方积极参与的顶岗实习教学模式。在这种推行方式下，学校不用额外投资建设实训平台，即可让学生接受良好的教育，为学校培养优质人才提供了便利，节省了高职院校的人力、物力。学生在顶岗实习的过程中，掌握了大量的专业基础知识，同时还有一定的收入。实习过程中表现优异的学生，毕业即有机会进入企业工作，成为企业的正式员工。企业可以在实习生中选择优秀的学生作为企业发展所需的储备人才，甚至直接录取优秀的实习生。同时，学生可以协助企业顺利地完成相应的生产任务，且企业聘用实习生的成本较低。在这种模式下，由于参与三方各自的利益诉求都能够得到满足，因此，三方都比较积极，企业愿意参与高职院校的整个人才培养过程，学校有了长期稳定的合作伙伴，学生有了高质量的实训平台。

"三三三"制顶岗实习模式中的第三个"三"指的是在顶岗实习生的管理和考核评价上，采用"一会三组"的顶岗实习管理体系和"三维"的顶岗实习质量考核评价体系，以保证学生的顶岗实习能够按照设定的目标高质量地进行。"一会三组"顶岗实习管理体系是指在学生顶岗实习的管理上，由校企双方人员共同组成的顶岗实习管理委员会，负责顶岗实习的统一管理和协调工作。并且，高职院校和企业要在顶岗实习管理委员会的领导下，分别设立实践指导组、创新交流组和职业素质培养组，分别对学生的实习过程进行指导、管理和监督。"三维"顶岗实习质量考核评价体系紧紧围绕顶岗实习的目的，充分结合"一会三组"顶岗实习管理体系，从实践能力、创新能力和职业素质三个维度对学生的实习质量进行"三维"评价，从而保证"三三三"制顶岗实习工作能够紧紧围绕实习目标展开，并深入到各个环节，以提升实习效果。

二、基于现代学徒制的顶岗实习教学模式的优势

以现代学徒制为基础的顶岗实习教学模式，既是对顶岗实习中普遍存在的一些问题进行有效解决的成果，也是我国高职院校结合学院特色，在现代学徒制思想的指导下，根据时代发展要求做出的一种探索和尝试。

首先，这种模式为全面推广现代学徒制人才培养模式奠定了基础。以现代学徒制为基

础的顶岗实习教学模式的推广，促进了校企之间的合作，为校企进一步深化合作奠定了基础。在顶岗实习教学模式下，高职院校基本上实现了对学生的"双主体培养"，在顶岗实习过程中，企业成为顶岗实习的参与者。顶岗实习过程中，有专门的企业师傅指导学生进行实践操作，还有学校指导教师从理论上指导学生进行学习与实践。这些形式的指导在一定程度上体现了现代学徒制的特征。在顶岗实习过程中，部分专业的学生基本实现了"实习即就业"的目标，在实习中表现优秀的学生，实习结束后大多都能留在企业工作。同时，实习期即试用期，毕业后正式进入企业工作的学生不用再经过试用期考核，即可成为企业的正式员工，有利于高职院校探索现代学徒制人才培养模式在我国的推广路径，有利于高职院校探索出符合我国具体国情的现代学徒制人才培养模式。

其次，这种顶岗实习教学模式解决了顶岗实习中普遍存在的一些问题。在实施以现代学徒制为基础的顶岗实习教学模式的过程中，高职院校、企业、学生对顶岗实习目标的认识有了突破，这种突破帮助他们跳出了顶岗实习就是为了锻炼学生实践操作能力的认识误区，使他们更全面地认识到了顶岗实习的意义。顶岗实习教学模式不仅能培养学生的实践能力，还能培养学生的创新能力。以现代学徒制为基础的顶岗实习教学模式，将学生的实践能力、创新能力和专业素质的培养作为开展实习工作的主要目标。

这种顶岗实习教学模式强调学校、企业和学生利益的一致性。要求高职院校与合作企业，在学生进行顶岗实习的过程中，找到学校、企业和学生三方的利益契合点，使三方的利益都能够在顶岗实习教学模式中得到体现，充分调动各方的积极性，为顺利推进顶岗实习教学工作奠定基础。"三三三"制顶岗实习教学模式强调各方利益都要得到保障。在各方利益都得到保障的前提下，三方应为了顶岗实习工作取得良好的效果而共同努力。在这种模式下，顶岗实习工作的推进基本摆脱了"学校热、企业冷"的困境，并逐渐形成了学校、企业和学生积极参与、校企充分合作的新局面。

在"三三三"制顶岗实习教学模式下，西安铁路职业技术学院探索出了"一会三组"顶岗实习管理体系。在"一会三组"顶岗实习管理体系下，学生的顶岗实习管理工作由学校和企业共同负责，学校和企业需要长期合作，对顶岗实习的学生进行统一管理。同时，该模式能更有针对性地提高学生的能力，既解决了以往顶岗实习中学生难以管理的问题，还提高了学生实习的质量。在对实习质量的评价上，西安铁路职业技术学院探索出了"三维"实习质量考核评价体系，有效地解决了难以评价实习效果的问题。

最后，"三三三"制顶岗实习教学模式的实施，能够促进现代学徒制人才培养模式在我国的探索和实践，能够解决顶岗实习中存在的诸多问题，能够充分发挥学校和企业的优势。

参考文献

[1] 尹庆民，陈浩，裴一蕾，等．校企合作研究：基于应用型高校的模式及保障机制 [M].北京：知识产权出版社，2012.

[2] 韩志刚．基于校企合作的高职院校专业与课程一体化建设的研究 [M].武汉：武汉大学出版社，2012.

[3] 梁凌洁．高职院校校企合作办学创新研究 [M].成都：西南交通大学出版社，2013.

[4] 陈俊兰．职业教育现代学徒制研究 [M].长沙：湖南大学出版社，2014.

[5] 申晓伟．校企合作共筑未来高职院校校企合作育人理论与实践研究 [M].北京：中国广播影视出版社，2014.

[6] 赵鹏飞．现代学徒制"广东模式"的研究与实践 [M].广州：广东高等教育出版社，2015.

[7] 关晶．职业教育现代学徒制的比较与借鉴 [M].长沙：湖南师范大学出版社，2016.

[8] 陈德清，涂华锦，邱远．高职校企合作体制机制改革与实践 [M].北京：北京理工大学出版社，2016.

[9] 胡昌荣．高职人才培养"校企共育能力递增"模式研究 [M].成都：西南交通大学出版社，2016.

[10] 胡学兰．现代学徒制人才培养模式实践探索 [M].广州：广东经济出版社，2017.

[11] 滕勇．基于现代学徒制的顶岗实习教学模式研究 [M].北京：北京理工大学出版社，2017.

[12] 张永茂．现代学徒制焊接专业实训丛书：机械基础实训项目化教程 [M].广州：华南理工大学出版社，2017.

[13] 刘艳．基于现代学徒制育人模式下的高职院校教学管理研究 [M].沈阳：辽海出版社，2018.

[14] 隋秀梅，贺丽萍．高职城市轨道交通类专业现代学徒制实践 [M].北京：北京理工大学出版社，2018.

[15] 杨小燕．现代学徒制理论与实证 [M].成都：西南交通大学出版社，2019.

[16] 赵有生．职业院校现代学徒制育人模式的改革与实践 [M].北京：高等教育出版社，2019.

[17] 林梅．校企合作与人才培养 [M].长春：吉林人民出版社，2019.

[18] 刘建林．高等职业教育现代学徒制探索与实践 [M].西安：西安电子科学技术大学出版社，2020.

[19] 丁文利．职业教育现代学徒制新型师徒关系的研究与实践 [M].北京：中国纺织出版社，2020.